INDESCRIPTIBLE

LIBRO DE ACTIVIDADES PARA NIÑOS

¡MÁS DE 150 ROMPECABEZAS, CRUC
EXPERIMENTOS STEM/CTIM, Y MÁ
DIOS Y LA CIENCIA PARA ESTIMULAR
LA MENTE Y DESARROLLAR LA FE!

LOUIE GIGLIO

CON TAMA FORTNER

ILUSTRADO POR NICOLA ANDERSON
Y LYNSEY WILSON

¡TE PRESENTAMOS A LOS CHICOS INDESCRIPTIBLES!

A la pandilla indescriptible les encanta la aventura, explorar y descubrir, pero, sobre todo, ¡les encanta conocer al Dios que los creó a ellos y a este maravilloso y salvaje mundo!

RAZ

Por lo general Raz se mantiene ocupado ya sea andando en su patineta, construyendo o disfrutando una pizza. Espera un día poder viajar por el mundo y explorar todos los diferentes ecosistemas, desde desiertos hasta selvas tropicales.

EVYN

A Evyn le encanta el baloncesto y es una experta en la lectura. Nunca rechaza un taco y si pudiera, le encantaría ir a la playa todos los días.

NORAH

Norah ama mucho a su perra, Penny, aún más que a su postre favorito: ¡los helados! Cuando no está jugando fútbol o dibujando, la encontrarás en la naturaleza explorando las sorprendentes creaciones de Dios.

JOSHUA

Joshua está fascinado con explorar el espacio, ¡conoce desde los agujeros negros hasta los planetas errantes! En su tiempo libre le gusta leer o actuar, y la comida mexicana siempre lo hace sonreír.

CLARKE

A Clarke le encantan los videojuegos y el piano, eso sí, le encantan cuando no está ocupado trabajando con los animales de la granja familiar. ¡También es campeón en sorber espaguetis a la hora de comer!

ADELYNN

Adelynn tiene una imaginación enorme. Le es muy útil cuando juega a disfrazarse o al crear fabulosas piezas de arte. Sus amigos le dicen Addie y le encanta aprender cómo crecen las cosas.

ANTES DE EMPEZAR...

Te dejamos algunos consejos útiles:

1. Este libro tiene más de 150 actividades que expanden la mente y fortalecen la fe. Si necesitas ayuda, puedes encontrar las respuestas en las páginas 168 a la 187.
2.  Este símbolo significa que la actividad es un experimento de ciencia. Tendrás que pedirle permiso a tus padres, así como la lista de los productos que se necesitan para hacer la actividad.
3. El libro comparte muchos datos interesantes. Puedes conocer más de estos temas en *Indescriptible: 100 devocionales sobre Dios y la ciencia* de Editorial Patmos. Busca las referencias a los devocionales debajo de los títulos de las actividades (algunas ofrecen información totalmente nueva que no viene en los devocionales).
4. Para encontrar un tipo de actividad o un tema concreto, revisa el índice en las páginas 166 y 167.

¡Ahora, empecemos!

¿QUÉ VAS A CREAR?

Para conocer más de la creatividad de Dios, revisa el devocional 1 de Indescriptible

Este mundo empezó como una página en blanco. En realidad, ni siquiera era una página, en el mundo solo había oscuridad, vacío ¡y Dios! Entonces, ¡Dios lo llenó con su infinita creatividad! (Génesis 1). A continuación, tienes tu propia página en blanco para llenar. ¿Dibujarás un nuevo tipo de animal, planta o escena colorida? ¿O tal vez escribirás una historia? ¿Qué vas a crear?

MONTE LABERINTO

Para conocer más del Monte Everest, revisa el devocional 20 de Indescriptible.

El Monte Everest es la montaña más alta del mundo. Llega a medir 8.848 metros sobre el nivel del mar (casi nueve kilómetros). Ayuda a Adelynn a encontrar el camino correcto hacia la cima.

¿QUÉ PREFERIRÍAS?

¿Preferirías escalar la cima más alta de una montaña nevada o tomar un submarino que te lleve a los confines nunca vistos del fondo del océano?

¿Preferirías luchar contra un oso polar gigante o contra un pulpo enfadado?

¿Preferirías comer helado en la nieve del Monte Everest o tratar de tomarte un refresco debajo del océano?

LOS OJOS LO TIENEN

Para conocer más acerca de los ojos, revisa el devocional 36 de Indescriptible.

Dios diseñó las partes de tus ojos para que funcionen juntas y para crear uno de los sentidos más sorprendentes y «maravill*ojos*» que tienes: ¡la vista! Etiqueta el ojo y descubre la función de cada parte.

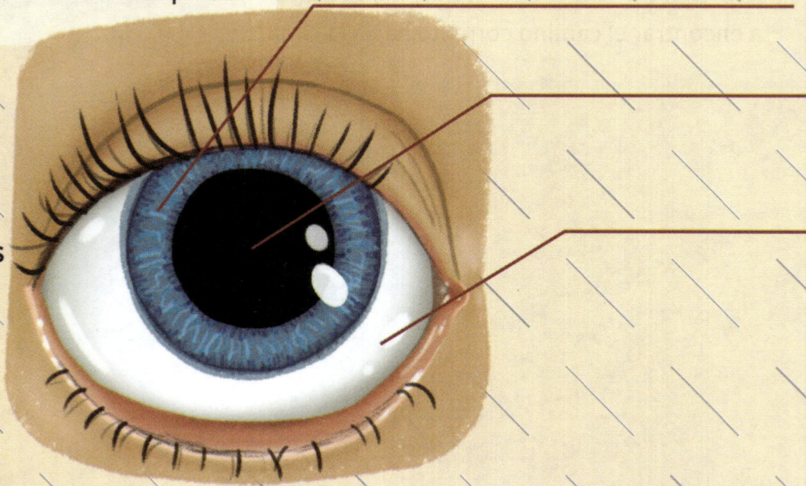

La **esclerótica** es la parte blanca del ojo, es la capa externa del ojo.

El **nervio óptico** conduce los impulsos eléctricos al cerebro y el cerebro convierte esos impulsos en imágenes.

El **iris** es la parte colorida del ojo.

La **pupila** es el centro negro del ojo. Permite que la luz entre en tu ojo.

El **lente** se encuentra detrás de la pupila y ayuda a enfocar la luz sobre la retina.

El **cuerpo ciliar** ayuda que el lente enfoque y pueda ver las cosas a diferentes distancias.

La **retina** está en la parte trasera del ojo y convierte la luz en impulsos eléctricos.

El **humor vítreo** es un fluido espeso que llena el ojo entre el lente y la retina.

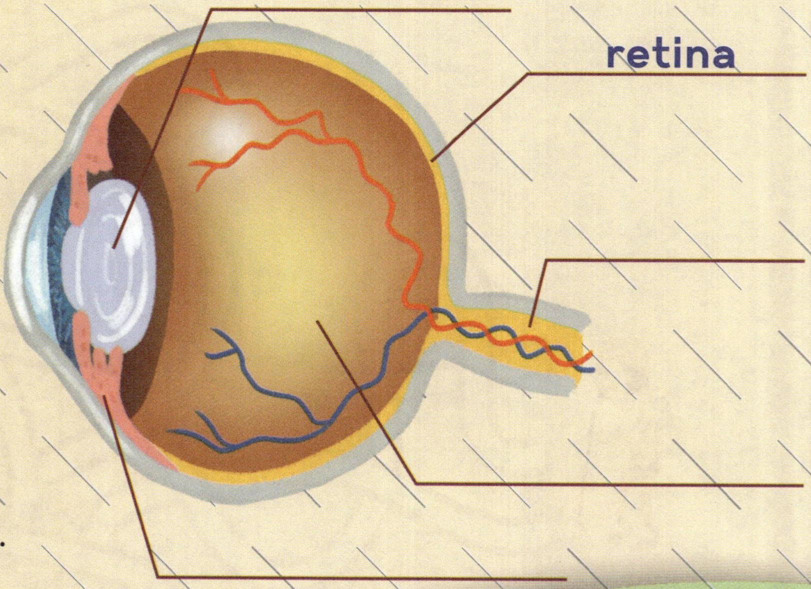

¿VES LO QUE YO VEO?

Dirígete a tu patio trasero o a un parque y usa tu sorprendente sentido de la vista para ver cuántos de los siguientes elementos logras encontrar.

HORMIGA
ROCA GRANDE
PÁJARO
MARIPOSA
NUBES
FLORES
HOJA
RAÍCES
SOMBRA
TELARAÑA
ARDILLA
PALOS
ÁRBOL
GUSANO

AGRUPEMOS LAS PIEZAS

El *Deep Discoverer* es un submarino a control remoto que ha tomado fotografías de algunas criaturas sorprendentes del océano, animales como el octópodo «fantasma» y una medusa roja brillante que, según los científicos, ¡nadie ha visto antes! Con cada viaje, ¡los científicos van llenando las piezas faltantes de información acerca del fondo del océano!

En la siguiente imagen de Joshua faltan algunas piezas. Escribe la letra de la pieza correcta en cada espacio para completar la imagen.

SOLO CON LA INFORMACIÓN

Dios creó nuestros cerebros con la capacidad de usar la lógica. Esto significa que podemos resolver un problema al pensar con atención y calma en toda la información que tengamos y usarla como base para dar una respuesta.

Usa la lógica para dar con la respuesta de este acertijo.

Cada uno de los chicos Indescriptibles ha adoptado una mascota, pero ninguno adoptó el mismo tipo de animal. Usa las siguientes pistas para ayudarte a completar el cuadro y acertar con la mascota que le tocó a cada niño (el primero es el ejemplo).

CÓMO USAR EL CUADRO

- Coloca una X en cada casilla que sea una respuesta incorrecta o un O en cada casilla que sea correcta.
- Por ejemplo: lee la pista 1. ¿Quién usa gafas? Adelynn. ¿Qué mascota tiene todo el pelaje de color negro? El gato. Significa que Adelynn escogió un gato. Ahora, coloca un O en la casilla donde se entrecruzan «Adelynn» y «gato». Después, coloca una X en el resto de la fila de Adelynn porque lógicamente, si adoptó al gato, no adoptó a ninguna otra mascota. Luego, coloca una X en lo que queda de la columna del «gato» porque lógicamente, nadie más eligió al gato.
- ¡Dibuja una línea desde cada niño a la mascota que eligieron!

PISTAS

1. Quien usa gafas adoptó una mascota con todo el pelaje de color negro.
2. Ningún chico adoptó un perro.
3. Ninguna chica tiene un conejo.
4. Evyn no eligió un perro.
5. Ni Raz ni Joshua tienen un conejo.
6. La mascota de Joshua no puede volar, la de Raz tampoco.
7. La mascota de Joshua tiene pelaje.

	gato	perro	conejillo de indias	perico	gecko	conejo
Evyn	X					
Raz	X					
Norah	X					
Joshua	X					
Clarke	X					
Adelynn	O	X	X	X	X	X

LA BÚSQUEDA EN EL GRAN ESPACIO

Para conocer más sobre la misión del Apolo 11, revisa el devocional 26 de Indescriptible

En 1969, Neil Amstrong y Buzz Aldrin fueron las *primeras* personas en caminar sobre la Luna. Para llegar allí tuvieron que recorrer más de 383.000 kilómetros a bordo de la nave espacial Apolo 11. ¡Esa distancia es como caminar alrededor de la Tierra nueve veces y media!

Cada palabra en la siguiente lista está relacionada con la misión del Apolo 11. ¿Puedes encontrarlas a todas?

```
Q E R T N I R D L A Z Z U B P Y S T S C S D G
H J K A T E R R I Z A J E L U N A R E I L N Z
X C C A R R E R A E S P A C I A L V R E B A N
E M Q A W A R T Y P L J E L M S N B A N V V C
T P M R B V C S Z A D P L O I A U Y N T T E R
E F G R A V E D A D G O U H J K L Q U Í W E E
H D A E Q R E T R Y C K N H G F D E L F I S I
O P L I I Y U T R L E W A Q M N B B S I V P C
C O N T R O L D E L A M I S I Ó N R E C R A R
J E J N E I L A R M S T R O N G D T R O T C G
U Y Z V X S H U E L L A T K M M N H E S H I L
R Y R O P C I O T E F G S A D S L P T P R A R
O T N E I M A Z N A L E D A M R O F Á T A L P
H I O M E Y T B G V I S S O P K B V R F D W Q
C R I T T S E I B T R A J E E S P A C I A L F
```

Aterrizaje lunar
Buzz Aldrin
Carrera espacial
Científicos
Cohete
Control de la misión
Cráteres lunares
Gravedad
Huella
Luna
Michael Collins
NASA
Nave espacial
Neil Armstrong
Plataforma de lanzamiento
Tierra
Traje espacial

No son exactamente los mismos

Los *genes* (suena parecido a jejenes) son como los pequeños manuales de instrucciones de Dios para los seres vivos. La información que contienen decide si un animal tendrá rayas o manchas, plumas o pelaje, o en tu caso, si tendrás la nariz de tu mamá o los ojos de tu papá.

Mira los siguientes grupos de animales. Haz un círculo alrededor del animal de cada grupo que sea un poco diferente.

ADIVINA CÓMO VAN LAS CEJAS

Dios nos dio cejas como una ayuda para expresar las emociones. Mírate en el espejo e imita las expresiones que se mencionan a continuación. Mira cómo se colocan tus cejas y luego, dibuja las cejas en los rostros para que demuestren la emoción correcta.

EVYN ESTÁ SORPRENDIDA.

RAZ ESTÁ ENOJADO.

CLARKE DESCONFÍA DE ALGO.

A BUENA CARA...

¿Qué es más divertido que hacer caras? ¡Hagamos caras sobre unas *galletas de azúcar*! ¡Pídele a un adulto que te ayude y mira cuántas caras diferentes puedes hacer!

Ingredientes

- masa para galletas de azúcar listas para cortar y hornear
- 1 envase de 450 g de cobertura de vainilla
- 1 envase de 450 g de cobertura de chocolate
- colorante comestible de tu elección

Herramientas

- cuchillo
- bandeja para galletas
- rejilla para enfriar
- tazones pequeños
- cucharas
- bolsas plásticas
- tijeras

Instrucciones

1. Haz rodajas con la masa de galletas de azúcar y hornéalas siguiendo las instrucciones del paquete. Cuando las galletas salgan del horno, déjalas reposar en una rejilla para enfriar.
2. Mientras las galletas se enfrían, divide la cobertura de vainilla en dos pequeños tazones, uno para cada color que quieras tener (la cobertura de chocolate será el color marrón). Prepara marrón, azul o verde para los ojos; marrón, negro o rojo para las cejas; y rojo para la boca. Agrega los colorantes comestibles a la cobertura de vainilla según las instrucciones del paquete. Mezcla bien.
3. Sirve una cucharada de cada color de cobertura en una bolsa plástica separada y sella la parte superior. Empuja la cobertura hasta que ocupe la esquina de la bolsa. Usa las tijeras para cortar un pedazo pequeño de la esquina. Presiona la bolsa hasta que la cobertura salga en forma de línea. ¡Ya puedes empezar a dibujarle una carita a cada galleta! (Asegúrate de que las galletas están completamente frías antes de decorarlas, de lo contrario, la cobertura se derretirá).
4. Comparte unas cuantas risas, toma algunas fotografías y ¡disfruta!

¡DESPEGUE!

La gravedad es la fuerza invisible que atrae un objeto *hacia* otro, como cuando nuestros pies se ven atraídos hacia la tierra. Los cohetes, gracias a la quema del combustible, son sumamente poderosos para desafiar la gravedad. Esta combustión forma gases calientes que hacen que el cohete vuele tan rápido, que incluso pueden romper la fuerza de la gravedad, impulsándolo hacia el espacio.

¡Sigue estos pasos para aprender cómo dibujar un cohete!

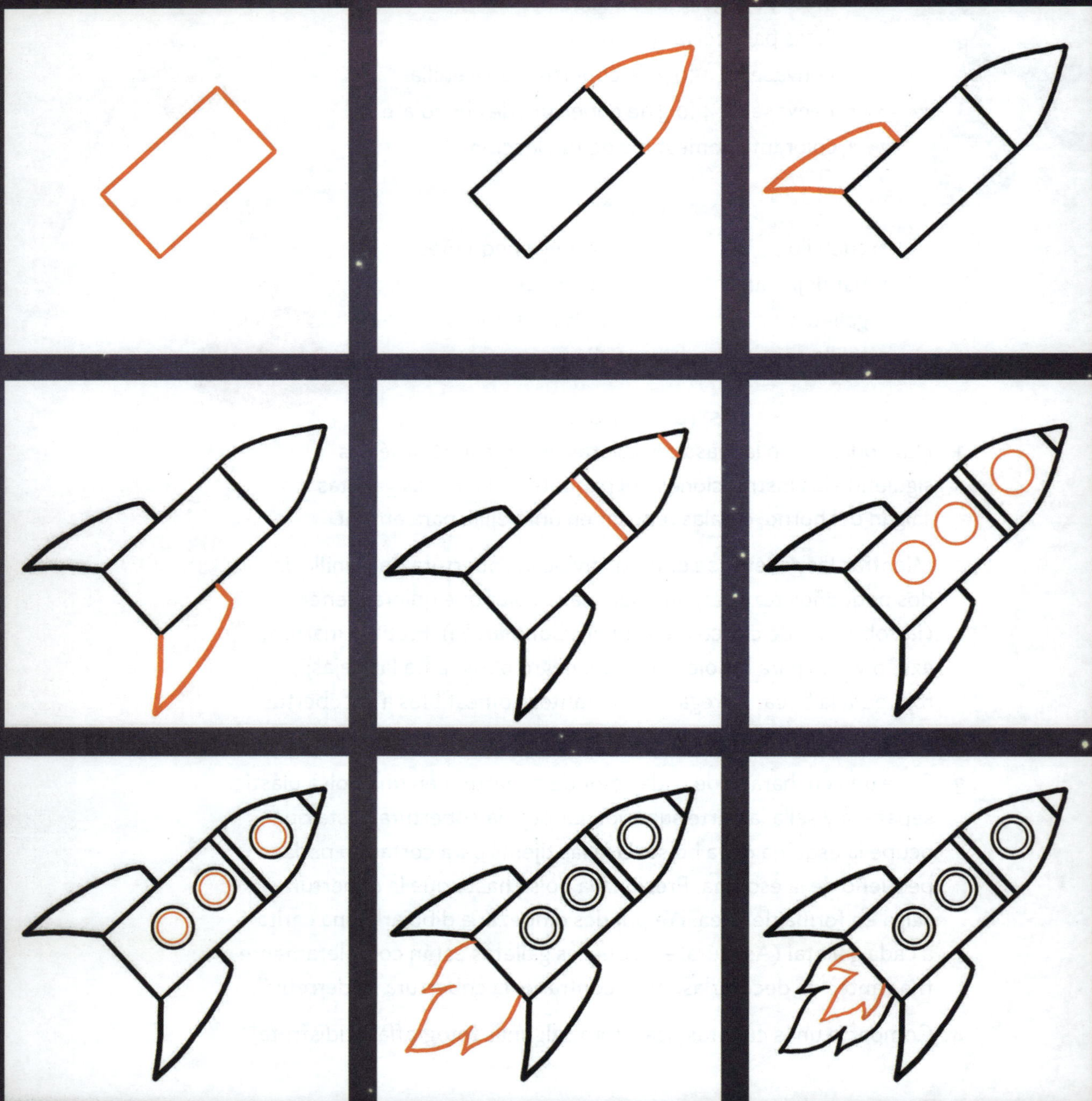

EN ESTA PÁGINA ES TU TURNO DE DIBUJAR UN GRAN COHETE.

DETRÁS DE ESCENA

Los misioneros viven lejos de su hogar para enseñar a otros acerca de Jesús. Sin embargo, ¡no trabajan solos! Muchas personas los ayudan «detrás de escena», pues hacen muchas cosas importantes que otros no ven, ¡pero Dios sí lo ve! De hecho, usa a estas personas «detrás de escena» para hacer *grandes* cosas para su reino. ¡Tú puedes ser una de estas personas! Mira a continuación cómo puedes ayudar:

1. **Elije a uno o varios misioneros que tu iglesia apoye y ora por ellos todos los días.**

2. **Conviértete en un amigo por correspondencia del hijo de un misionero, pues es muy difícil vivir lejos de casa y de lo que conoces. Pide a tus padres o al maestro de escuela dominical que te ayude a ponerte en contacto con un niño misionero de tu edad. Escríbanse uno al otro y compartan lo que cada uno vive por su lado.**

3. **Pregunta a una familia misionera qué alimentos o productos extrañan más de su casa. Haz una venta de bazar o de pastelitos para recolectar dinero y enviarles eso que extrañan.**

4. **Cuando los misioneros lleguen de visita, reúnete con los niños de tu edad o bien, ofréceles cuidar a sus hijos pequeños.**

5. **Busca negocios que usen el dinero que ganan para ayudar a misioneros o cristianos que viven en países con dificultades o que están en guerra. Pregunta a tus padres cómo la familia puede apoyar a estos negocios.**

DE AQUÍ PARA ALLÁ

Los misioneros necesitan aprender todo lo que puedan sobre el nuevo lugar en el que van a vivir. Por ello, estudian mapas para averiguar dónde está todo.

Imagina que un misionero llega a tu ciudad. ¿A dónde necesitarían ir? Piensa en lugares como la iglesia, la tienda de comestibles, la escuela y tal vez incluso tu casa.

Dibuja a continuación un mapa que muestre la ubicación de todos esos lugares. También agrega tus lugares favoritos como el parque, el cine o... ¡la heladería!

ENTRE MÁS PROFUNDO VAYAS

Dios creó el océano para que tuviera capas. La capa superior es la zona de luz, es decir, que recibe la luz del sol. Después viene la zona de penumbra, la zona de medianoche y la zona abismal. En lo más profundo se encuentran las zanjas. ¡Nadie sabe qué hay ahí!

Colorea estas capas oceánicas. Entre más profundo vayas, ¡más oscuro estará!

¡ES UN RÍO DE VIDA!

Dios nos da todo lo que necesitamos para crecer fuertes en nuestra fe. Es parecido a la forma en la que un río brinda los nutrientes necesarios a las plantas, animales y árboles para que crezcan y se fortalezcan. Esa es la razón por la que siempre verás tanta vida alrededor de un río.

Mira esta escena del río con atención. ¿Puedes encontrar toda la vida que está oculta en la imagen?

- ARDILLA
- BELLOTA
- CISNE
- DOS CASTORES
- DOS MARIQUITAS
- FLOR AZUL
- FLOR ROJA
- GUSANO
- HONGO MORADO
- LIBÉLULA ANARANJADA
- MANZANA VERDE
- MARIPOSA AMARILLA
- PATO
- RANA VERDE

¿QUÉ SUCEDE EN MARTE?

Haz equipo con un amigo para divertirte llenando los espacios en blanco.

¡Todavía no leas la historia! Primero, mira la lista a continuación y llena cada espacio en blanco con el tipo de la palabra indicada. Después, escribe las palabras en la historia según el número que corresponde a los espacios en blanco. Por último, regresa y lee toda la historia para saber qué sucede en Marte.

1. Un animal: ____________
2. Un objeto: ____________
3. Un color: ____________
4. Un verbo en pasado: ____________
5. Un verbo en pasado: ____________
6. Un adjetivo: ____________
7. Un restaurante: ____________
8. Un verbo: ____________
9. Una parte del cuerpo: ____________
10. Un objeto: ____________
11. Una parte del cuerpo: ____________
12. Una comida favorita: ____________
13. Un color: ____________
14. Un verbo en gerundio: ____________
15. Una parte del cuerpo: ____________
16. Una pieza de ropa: ____________
17. Un verbo en gerundio: ____________
18. ¿Qué sonido hacen las abejas?: ____________
19. Un verbo en pasado: ____________
20. Un número: ____________

Probablemente ya sabes que *Perseverance* aterrizó en Marte el 18 de febrero de 2021, pero los científicos no han contado qué pasó después. Aquí tienes la información ultrasecreta que has recibido de un infiltrado:

Perseverance, ese pequeño robot astromóvil, solo era del tamaño de un ____________________ 1.

Pero estaba en una misión para explorar el/la ____________________ 2 ____________________ 3.

Primero, ____________________ 4 su motor. Luego, ____________________ 5 a través de la superficie del planeta con ____________________ 6 velocidad.

Al final llegó a ____________________ 7. Era el lugar ideal para ____________________ 8. *Perseverance* de repente sacó su ____________________ 9 para recoger un/una ____________________ 10. Lo/la sujetó cerca de su ____________________ 11 y tomó una fotografía.

Entonces, repentinamente, *Perseverance* notó aquello que buscaba con ansias: las señales de ____________________ 12. ¡Ahí estaba! Un/una ____________________ 12 ____________________ 13 que estaba ____________________ 14 sobre el suelo. Tenía un/una ____________________ 15 largo/a y un/una ____________________ 16 que se veía extraño/a. ¡Estaba ____________________ 17 y ____________________ 18 por todos lados! *Perseverance* ____________________ 19 y tomó ____________________ 20 fotografías de eso.

Los científicos siempre se han preguntado si había ____________________ 12 en Marte. ¡Ahora lo saben! (Bueno... más o menos, pero seguro que suena como una gran historia, ¿no es cierto?).

HOGAR DULCE HOGAR

Hábitat es otra palabra que se usa para hogar. Es el lugar donde vive una planta o animal. Este hogar, o hábitat, también incluye refugio, alimento, agua, climas y otros tipos de plantas y animales.

Une a cada uno de los animales con su hábitat.

Suelo

Orangután

Castor

Nido

Océano

Pato

Vaca

Desierto

Selva tropical

Pez payaso

Pichón

Aguas árticas

Pantano

Lagarto

Suricata

Presa

Río

Gusano

Narval

Pastura

¡SUJÉTATE!

Para conocer más acerca del caballito de mar, revisa el devocional 33 de Indescriptible.

A diferencia de los peces, el caballito de mar es un nadador *terrible*. Por esta razón, Dios le dio una cola curva. Este tipo de cola se enrolla y se sujeta a las plantas submarinas para que no lo arrastren las corrientes oceánicas.

Conecta los puntos para trazar un caballito de mar.

¡LAS PISTAS TE LO DIRÁN!

Dios nunca cambia (Malaquías 3:6), ¡pero las estaciones sí! Entonces, ¿cómo puedes saber en qué estación estás? ¡Sé un detective como Evyn y sigue las pistas! (Consejo: si vives en un lugar que se mantiene cálido o frío la mayor parte del tiempo, debes poner un poco más de atención al movimiento del sol). Contesta estas preguntas para descubrir tus pistas. Luego, colorea las casillas que coincidan con las pistas que encuentres y de esa forma resolverás el misterio de en qué estación estás.

1. ¿Qué temperatura hay en el exterior? ¿Está cálido, frío, o es una temperatura intermedia?

   ____

2. ¿El sol sigue iluminando cuando ya casi es hora de dormir, o ya está oscuro antes de terminar la cena?

   ____

3. ¿Los árboles tienen hojas? ¿Las hojas son solo pequeños brotes? ¿Las hojas son verdes y grandes, o son de color rojo, anaranjado y dorado?

   ____

4. ¿Las flores están abriéndose, ya han florecido totalmente, o se han marchitado?

   ____

5. ¿Cuántos animales e insectos ves? ¿Qué están haciendo?

   ____

	Temperaturas	Sol	Árboles	Flores	Animales
Primavera	Fresco	Se esconde temprano en la tarde	Las hojas son brotes pequeños	Apenas se ven saliendo del suelo	Empiezan a despertarse del invierno
Verano	Caluroso	Se esconde al final de la tarde-noche	Las hojas son grandes y verdes	Abren sus pétalos	Están ocupados y andan por doquier
Otoño	Fresco	Se esconde temprano en la tarde	Las hojas toman colores rojo, anaranjado y dorado	Empiezan a deteriorarse	Comen más de lo usual para estar listo para el invierno
Invierno	Frío	Se esconde antes de la hora de la cena	Han botado sus hojas	Las flores están envejecidas	Están hibernando o se ven menos activos

¿Qué estación es? ______________________

ATRAVESEMOS EL ESPACIO

Cuando los científicos y astronautas estudian el espacio están explorando lugares en donde nadie ha estado antes.Pero si nosotros decidiéramos irnos hasta el fin del universo, ¡Dios seguiría ahí con nosotros! (Salmos 139:7-12).

Contesta las preguntas para ayudar a Clarke a llenar el crucigrama con hechos fascinantes relacionados con el espacio.

HORIZONTAL

4. Refleja la luz del sol y brilla en la noche.
6. El nombre de la galaxia de la Tierra es muy dulce. Se llama ____ _____(2 palabras).
8. A los pericos de nombre Polly les encantan, pero los astronautas no pueden llevar esta merienda crocante.
9. Los navegantes usan estas lumbreras en el cielo para navegar a través del océano.

VERTICAL

1. La distancia en la que la luz viaja en un año se llama _____ _____.
2. La posición de la Tierra en el espacio es el exacto para tener vida. Los científicos llamaron esta posición como el cuento infantil de una niña que irrumpió en la casa de una familia de osos.
3. La Tierra viaja alrededor de esta estrella.
5. En el espacio no hay aire, por lo que los astronautas llevan tanques llenos de _____ para poder respirar.
7. Existe en la Tierra, pero no en el espacio, por lo que los astronautas pesan menos, ¡lo que significa que flotan!

HUESOS, HUESOS, HUESOS

Para conocer más acerca de los huesos, revisa el devocional 9 de Indescriptible.

El cuerpo humano tiene 206 huesos que se unen para formar el esqueleto.
Los huesos dan forma a nuestro cuerpo, protegen nuestros órganos y nos ayudan a movernos.

Busca en la sopa de letras estos huesos. Luego identifícalos en el esqueleto.

Q	E	R	T	N	I	R	D	L	A
H	J	K	A	F	É	M	U	R	Z
X	C	C	O	R	E	M	Ú	H	E
O	M	Q	A	W	A	R	T	Y	P
T	P	M	R	B	V	C	S	R	A
I	C	O	S	T	I	L	L	A	S
B	D	A	E	Q	R	E	T	D	Y
Ú	P	L	I	I	Y	U	T	I	L
C	R	Á	N	E	O	L	D	O	L
J	E	E	G	N	A	L	A	F	M

fémur, radio, cráneo, húmero, costillas, cúbito, falange

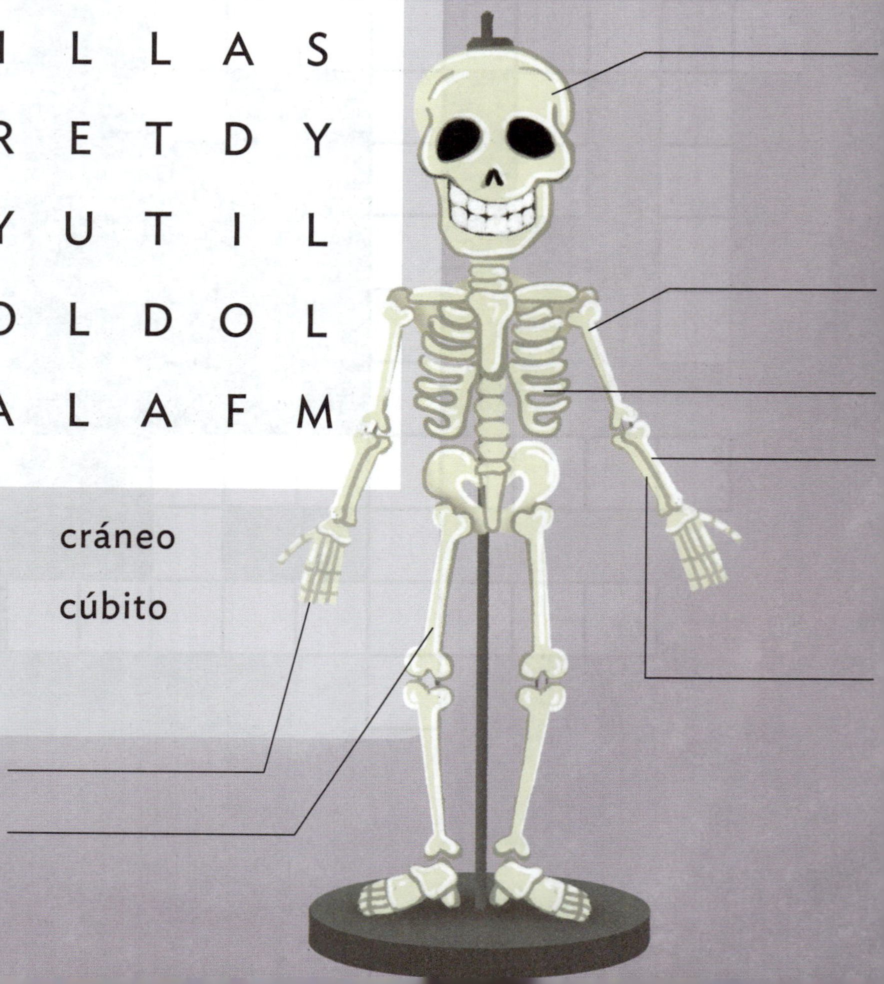

SERPENTEANTE Y ONDULANTE

Los gusanos de tierra pareciera que solo serpentearan por todos lados, pero Norah descubrió que en realidad se dedican a revolver el suelo. Empujan hacia arriba los nutrientes que las plantas necesitan, mientras que los túneles que van dejando permiten que ingrese aire y agua al suelo.

Ayuda a esta pequeña lombriz a encontrar su camino en el laberinto y llegar hasta la parte más profunda bajo la tierra.

MIRA MÁS PROFUNDO

En ocasiones no le damos la importancia necesaria a aquello que es realmente importante, como los gusanos. Esa es la razón por la que Dios nunca juzga a una persona por la forma en la que se ve. De hecho, en 1 Samuel 16:7 dice: «La gente se fija en las apariencias, pero yo me fijo en el corazón».

CADA OVEJA CON SU PASTOR

Para conocer más acerca de las ovejas, revisa el devocional 41 de Indescriptible.

Existen siete diferencias en las dos imágenes a continuación. ¿Puedes identificarlas todas?

A las ovejas les encanta seguir a la multitud a donde quiera que vaya. ¡Incluso llegan a seguir a otras ovejas, aunque se dirijan a un precipicio! Por eso necesitan un pastor a quien seguir, así como nosotros necesitamos a Jesús, el Buen Pastor, para que nos guíe en el camino correcto.

ENRAÍZATE

Para seguir a Jesús, necesitas fe. Puedes ayudar a que tu fe crezca al «enraizarte» en la palabra de Dios leyéndola (Colosenses 2:6-7). Se parece mucho a cómo se fortalece una planta al crecer si tiene su raíz en la tierra y recibe agua. Revisa este experimento para apreciar las raíces en crecimiento.

CÓMO LOGRAR EL DESARROLLO DE LA RAÍZ EN UNA PLANTA TREPADORA

1. Con la ayuda de un adulto, corta un trozo de 10 a 15 centímetros de una planta trepadora de interiores que tenga al menos cuatro hojas (esta planta se conoce como «pothos» y es un tipo de planta que tiene hojas en forma de corazón).
2. Corta la punta de la hoja que esté más cercana al extremo cortado y coloca el tallo en un vaso de agua.
3. Coloca el vaso en un área que esté bien iluminada, pero que no reciba la luz directa del sol.
4. Las raíces deberían empezar a aparecer durante los siguientes 30 días, más o menos.
5. Cuando veas las raíces, espera 10 días antes de plantarla en una maceta con tierra. ¡Observa cómo crece y se fortalece la planta!

¿TOMASTE LA FOTO?

Antes de que el Apolo 11 aterrizara con los primeros hombres sobre la Luna, se enviaron sondas espaciales Ranger para explorar. Sin embargo, no todo resultó como la NASA lo había planeado. Uno de los Ranger se pasó de la luna, otro no funcionó y los otros dos perdieron toda la energía.

¿Quieres saber cuál de los Ranger tomó las primeras fotografías cerca de la Luna? Resuelve cada problema matemático de los Ranger y etiqueta las sondas espaciales con la respuesta. ¡El número más alto es el Ranger que lo logró!

$2 \times 2 = 4$ $\quad 2 + 3 = \square$ $\quad 2 + 2 + 2 = \square$ $\quad 6 + 1 = \square$

¡El Ranger ☐ fue el que tomó las fotos!

¡OH NO!

Todos fallamos en algún momento, así como les pasó a las misiones Ranger, pero Dios nunca nos pide ser perfectos, solo quiere que sigamos confiando y que lo sigamos (Romanos 3:22-25).

UN ROMPECABEZAS FRUTOSO

Para conocer más acerca de lo que sucede con las frutas, revisa el devocional 99 de Indescriptible.

Las frutas pueden ser manzanas, plátanos, sandías y guisantes (arvejas o chícharos). ¡Sí, leíste guisantes! También están los pimientos, las calabazas y los pepinos, y es que, si hablamos a nivel científico, una fruta es la parte de la planta que tiene semillas.

Ayuda a Adelynn a resolver este *sudoku* en donde debes llenar cada espacio con una fruta, pero ¡espera! Debes tener una manzana, un plátano, una sandía y un pimiento en cada fila, cada columna y en cada cuadrado de cuatro casillas.

PLANTEMOS SEMILLAS

Cuando plantamos las semillas de una fruta, crecen en nuevas plantas. Cuando le cuentas a otros de Dios, es como si estuvieras plantando una «semilla» de Su verdad, la cual podría crecer y convertirse en un nuevo seguidor de Jesús (Marcos 4:13-20).

DEFINITIVAMENTE NO ES UN PLÁTANO

Para conocer más acerca de los frutos del Espíritu, revisa el devocional 99 de Indescriptible.

Una banana puede ser una fruta, ¡pero no un fruto del Espíritu! Los frutos del Espíritu no crecen en árboles ni en arbustos. Crecen en tu vida cuando vives y amas como Jesús lo hizo (Gálatas 5:22-25).

Une cada fruto del Espíritu con su definición.

AMOR	Puedes esperar sin sentirte molesto.
ALEGRÍA	Se trata de ser considerado y amable con los demás.
PAZ	Este sentimiento de felicidad vive en tu corazón, incluso cuando las cosas no van como quieres.
PACIENCIA	Es lo opuesto a la maldad.
AMABILIDAD	Estás en control de lo que haces y dices, incluso cuando te sientes molesto o estás enojado.
BONDAD	No solo es un sentimiento, es todo lo que haces. Dios quiere que tus acciones demuestren este fruto, tanto hacia Él como a tus vecinos.
FIDELIDAD	Significa que eres leal, que eres confiable y que cumples tus promesas, así como Dios cumple las suyas.
HUMILDAD	Hablas y actúas con ternura y bondad, no hablas con dureza.
DOMINIO PROPIO	Este sentimiento de tranquilidad viene de saber que Dios te ama y que puedes confiar en Él para cuidarte.

LA VIDA EN LO MÁS ALTO

Para conocer más acerca del sorprendente yak, revisa el devocional 11 de Indescriptible.

El yak es un animal que vive en lo más alto de las montañas del Himalaya, hasta una altura de 6.000 metros (o más de 6 km) sobre el nivel del mar. ¡Las temperaturas pueden llegar a los 40 grados bajo cero! ¡Pero Dios proveyó a los yaks con un pelaje tan espeso que incluso pueden nadar en estanques con hielo, sin congelarse!

Mira con atención estas imágenes. ¿Cuál yak es diferente a los demás?

¡HAGAMOS MONTAÑAS DE HIELO!

Para conocer más acerca del Himalaya, revisa el devocional 11 de Indescriptible.

La cordillera del Himalaya también se conoce en Asia como «las torres de agua». Esto se debe a que cuando se derrite el hielo de las montañas, crea ríos de agua para las tierras de abajo. El hielo, o agua en estado sólido, se convierte en agua líquida cuando la temperatura es superior a 32 °F (0 °C). El agua, o H2O, también se convierte en vapor a 212 °F (100°C). Con la ayuda de un adulto, intenta este experimento y ¡crea tu propia montaña de hielo!

¿Qué necesitas?

- botella plástica transparente
- agua
- tazón de vidrio
- bandeja para galletas
- cubos de hielo

Instrucciones

1. Llena la botella con agua y colócala horizontalmente en el congelador. Enfríala durante dos horas (no debes esperar a que se congele totalmente, sino que siga en estado líquido. Sabrás que está lista para usarse cuando al mover la botella veas que se han formado cristales de hielo).
2. Coloca el tazón de vidrio boca abajo sobre la bandeja para galletas.
3. Coloca un cubo de hielo sobre la base del tazón que ha quedado boca abajo.
4. Lentamente, deja caer agua de la botella sobre el cubo de hielo, y ¡observa cómo crece una montaña de hielo!

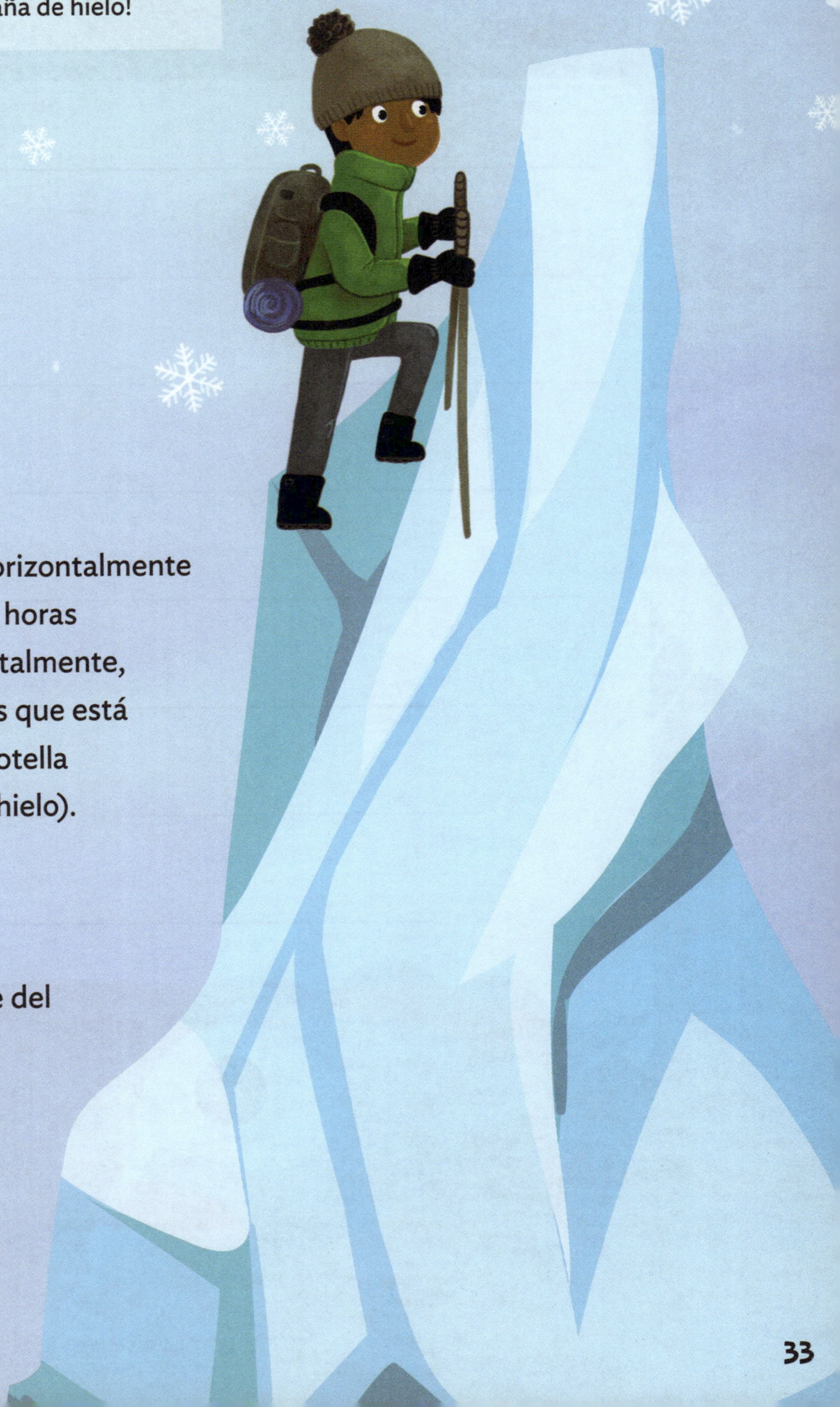

SOLO ES UN DÍA MÁS EN... ¿MARTE?

Para conocer más acerca de Marte y otros planetas, revisa el devocional 83 de Indescriptible.

Imagina que eres una de las primeras personas que viven y exploran Marte. Escribe una historia de cómo es la vida en el planeta rojo. Aquí te dejamos algunas ideas para que empieces:

- ¿Cómo empezaría tu día?
- ¿En qué te desplazarías para ir a explorar?
- ¿Qué cosa increíble descubrirías?
- ¿Qué harías para divertirte?

UN MENSAJE MUSICAL

Para conocer más acerca de cómo canta toda la creación, revisa el devocional 24 de Indescriptible.

Desde las aves hasta las ballenas y las estrellas, ¡toda la creación de Dios canta alabanzas! (Salmos 96:11-13). Dios quiere que lo adores con cantos también (Salmos 96:1). Entonces, ¿por qué no escribir tu propia canción? Después de todo, una canción es la combinación de palabras que se acompaña con música para compartir un mensaje. Toma una hoja de papel y ¡empieza!

1. **Primero, elige tu mensaje. ¿Qué quieres decir? Tal vez que «Dios te ama», que «Dios hizo todo sorprendente» o que «¡Dios es indescriptible!».**
2. **Después, piensa en palabras que rimen con las palabras en tu mensaje, como *amar* y *entonar*; o *tú*, *quietud* y *virtud*; o *sorprendente*, *presente* y *fuente*. Luego, escribe dos oraciones que finalicen con esas palabras.**
3. **Piensa en más palabras que rimen y escribe dos oraciones más. Sigue haciéndolo de esta manera hasta que hayas incluido todo lo que quieras decir.**
4. **Ahora agrega una melodía. Puedes hacer la propia o usar una que ya conozcas, como la tonada de «Estrellita, ¿dónde estás?».**
5. **Si quieres hacer que una de tus oraciones sea más larga y hacerlo de forma fácil, repite una palabra (como *alaba, alaba*), o agrega un sonido como «oh» o «aaah».**
6. **Finalmente, ¡entona tu canción!**

CEREBRITOS OCUPADOS

Para conocer más acerca de las abejas, revisa el devocional 25 de Indescriptible.

El cerebro de una abeja pesa apenas un miligramo, incluso ¡pesa menos que la gota de lluvia más pequeña! Pero ese pequeño cerebro recuerda qué flores tienen el mejor néctar y en qué dirección tienen que volar para encontrarlas.

¿Cómo se compara tu memoria con el de una abeja? Toma un temporizador y configúralo por treinta segundos. Ahora, dale un vistazo atento a esta imagen con tanta información. Cuando el temporizador suene, cubre la imagen con un papel. Luego, mira cuántas preguntas de la siguiente página puedes responder.

1. ¿Cuántas abejas están zumbando alrededor de la imagen?

____

2. ¿Cuántas ramas puedes ver en el árbol?

____

3. ¿Cuántas hojas son rojas?

____

4. ¿Qué cuelga de la rama del árbol (aparte de las hojas)?

____

Dios creó el cerebro de las abejas para aprender y recordar hechos relacionados con las flores. Dios creó *tu* cerebro para que ¡aprendas y recuerdes su palabra! Mira el salmo 119:97. ¿Puedes memorizar las palabras?

5. ¿Cuántas flores hay en la imagen?

____

6. ¿De qué color son las flores?

____

7. ¿De qué color es el atuendo de apicultor de Joshua?

____

8. Aparte de las abejas, ¿qué otros animales hay en la imagen?

____

CREACIÓN COLORIDA

De junio a diciembre, la *macarenia clavigera* florece en tonalidades de rosado y rojo debajo de las aguas del río Caño Cristales. Agrega al río arena amarilla, algas verdes y agua azul ¡y el río se convierte en un arcoíris líquido!

Clarke está flotando en el río Caño Cristales. Ayúdate con el código para darle color a los espacios.

¿SOPA DE BASURA?

En el Océano Pacífico existe una gran acumulación de basura que es incluso más grande que el estado de Texas. Se llama la Isla de Basura del Océano Pacífico, aunque en realidad se parece más a una sopa de basura conformada por redes de pesca, bolsas, botellas o pedazos de plástico. Los animales oceánicos pueden quedar atrapados entre todo el material e incluso algunos confunden las bolsas plásticas y otras piezas con comida.

Los océanos son importantes porque crean más de la mitad del oxígeno que respiramos. Ayudan a controlar nuestro clima, además de que son el hogar de miles de millones de plantas y animales. Dios nos puso a cargo de mantener saludables los océanos del planeta (Génesis 1:26). Raz está haciendo su parte. ¿Cómo lo puedes ayudar? Lee las ideas a continuación y marca tres de estas ideas que puedas empezar a hacer esta semana.

- ❑ 1. Imagínate que eres un panda y utiliza cepillos de dientes hechos de bambú en lugar de cepillos de plástico.
- ❑ 2. Lleva contigo tus propios cubiertos reutilizables a los restaurantes u otros lugares que usan utensilios desechables.
- ❑ 3. Usa jabón de barra en lugar de líquidos que vienen en contenedores de plástico.
- ❑ 4. Olvídate de las pajillas o elige una de papel o reutilizable.
- ❑ 5. Que tu merienda sea fruta fresca, viene en su empaque natural.
- ❑ 6. ¡No uses las bolsas de zipper! En lugar de bolsas plásticas, usa de tela o reutilizables.
- ❑ 7. ¿Cansado de un juguete? No lo tires, cámbialo con alguien o dónalo.
- ❑ 8. Bebe agua en botellas que puedas seguir rellenando.
- ❑ 9. Dona o intercambia la ropa a medida que crezcas.
- ❑ 10. Ayuda con la limpieza de un río o una playa.
- ❑ 11. Usa bolsas de tela o reutilizables en lugar de plástico para hacer tus compras.
- ❑ 12. Olvidate de los globos en tu próxima fiesta. En su lugar, usa decoraciones de papel.

PINTURAS EN EL CIELO

Una *constelación* es un grupo de estrellas que forma una imágen en el cielo. Es algo así como unir los puntos, pero con estrellas. Una de las constelaciones más famosas es la Osa Mayor. Sus siete estrellas forman un cucharón gigante.

Crea tu propia constelación en papel. Usa un lápiz para dibujar muy suavemente la silueta de un animal, una persona o una forma. Trata de usar solo líneas rectas para dibujarla. En cada punto en donde se unan dos líneas, dibuja una estrella. ¡Agrega otros animales y formas para hacer toda una escena nocturna!

Las personas crearon imágenes en las estrellas, pero Dios es el único que puede colocar cada una de estas estrellas de la forma exacta en la que Él quería que estuviera (Salmos 8:3, NVI).

CUANDO ERES FELIZ Y LO SABES

Adelynn sabe que sus gatos están felices y satisfechos, ¡lo sabe por el ronroneo que hacen! ¿Qué haces cuando te sientes feliz y satisfecho? Ríes, sonríes, bailas un poquito y ¡alabas a Dios! Y eso es porque todo lo bueno que tenemos viene de Él (Santiago 1:17).

Usa el banco de palabras para dar respuesta al crucigrama (pista: no necesitarás todas las palabras).

BIGOTES	LEÓN	PUMA
COLA	LEOPARDO	RONRONEAN
GARRAS	MAULLIDOS	RUGIDO
GATITO	MELENA	TIGRE
GATO	PATA	

HORIZONTAL

4. El pelaje esponjado alrededor de la cabeza del león se llama ____.
5. Los gatos usan los ____ de su cara para percibir su camino en espacios estrechos.
7. El ____ es un gato grande con rayas anaranjadas, negras y blancas.
8. El ____ vive en la jungla y se conoce por sus manchas.
10. ¡El ____ del león puede escucharse a ocho kilómetros de distancia!

VERTICAL

1. Los gatos usan sus ____ para defenderse y trepar árboles.
2. Los gatos emiten ____.
3. Cuando un gato está enojado, por lo general crispa su ____.
6. Un gato bebé es un ____.
9. Cuando los gatos están felices, ellos ____.

SUDA HASTA LA ÚLTIMA GOTA

¡Todo ese ejercicio hará que Norah sude! ¿Sabías que las emociones también nos pueden hacer sudar? Como cuando estás con nervios, algo te asusta o preocupa. No deberías sudar por situaciones así sin decírselo a nadie, cuéntale a Dios lo que te preocupa (1 Pedro 5:7).

No hay necesidad de sudar por este cuestionario. Solo escribe V en los espacios de cada oración verdadera y F en los espacios de las oraciones falsas.

_____ 1. El sudor es la forma en la que tu cuerpo se refresca.

_____ 2. El sudor se crea en tus vellos nasales.

_____ 3. La mayoría de tus glándulas sudoríparas se ubican en tus codos.

_____ 4. Los hipopótamos sudan de color rosado.

_____ 5. Tienes entre 10 y 12 glándulas sudoríparas en todo tu cuerpo.

_____ 6. El sudor puede darse cuando haces ejercicio, tienes nervios o te sientes mal.

_____ 7. Consumir alimentos picantes puede hacerte sudar.

PONTE A SUDAR

Deja salir esas emociones y energía extra con un poco de ejercicio.

CAMINATA DE OSO—Agáchate, coloca tus manos sobre el suelo y levanta las caderas. ¿Qué tan rápido puedes caminar en cuatro patas por el suelo?

GATEO DE CANGREJO—Siéntate con tus rodillas dobladas y tus pies en el suelo frente a ti. Coloca tus manos detrás de ti sobre el piso. Levanta tus caderas y «camina» como un cangrejo.

NADO DE TORTUGA—Recuéstate sobre el piso, boca abajo, con tus brazos estirados al frente. Levanta tus brazos y piernas del suelo. Patea mientras mueves tus brazos hacia tus laterales y otra vez hacia adelante, como si estuvieras nadando. ¿Cuánto tiempo puedes «nadar»?

SENTADILLAS DE CONEJO—Levántate y separa tus pies. Ponte de cuclillas doblando tus rodillas, pero mantén tu espalda recta. Luego, rápidamente estira tus piernas y salta. ¿Qué tan alto puedes saltar?

LEONES, HIPOPÓTAMOS Y GORILAS, ¡NO PUEDE SER!

La Cuenca del Congo de África es un lugar con gran riqueza de animales como leones, elefantes y gorilas. También tiene gran abundancia de recursos como caucho, cobre y oro. Pero el tesoro más grande, más grande que cualquier elefante y más grande que todo el oro del mundo ¡es el amor y la misericordia de Dios! (Lamentaciones 3:22-23).

Busca en la sopa de letras. ¿Puedes encontrar todos los animales y recursos de la Cuenca del Congo?

Q	E	R	T	N	I	R	D	L	A	E	A	U	B	P
H	J	K	A	T	E	T	N	A	F	E	L	E	L	U
X	C	C	A	R	C	A	U	C	H	O	P	A	C	I
E	M	Q	A	W	A	R	T	Y	P	L	J	M	L	M
G	P	M	O	B	V	C	S	Z	A	D	P	A	O	I
O	F	G	R	A	O	Ñ	A	T	S	E	O	D	H	J
R	D	A	O	Q	R	E	T	R	Y	C	K	E	H	G
I	P	L	I	I	Y	U	T	R	L	E	W	R	Q	M
L	O	D	I	A	M	A	N	T	E	S	M	A	S	I
A	E	J	N	E	X	L	A	W	M	S	T	P	O	N
U	Y	Z	V	L	E	O	P	A	R	D	O	T	E	M
R	Y	R	O	P	C	I	O	T	E	F	G	S	R	D
O	T	N	E	I	M	A	L	E	Ó	N	E	D	B	M
H	I	O	M	E	Y	T	B	G	V	I	S	S	O	P
C	R	I	T	T	S	E	I	B	T	G	A	J	C	E

CAUCHO	DIAMANTES	ESTAÑO	LEÓN	MADERA
COBRE	ELEFANTE	GORILA	LEOPARDO	ORO

VESTIDOS PARA EL ESPACIO

Los trajes espaciales mantienen seguros a los astronautas cuando caminan en el espacio, por ello, cada parte tiene un propósito. Lee el siguiente diagrama y luego, toma una página de papel y dibuja cada parte del traje espacial.

Las **mangas** se sujetan a la camisa. La capa externa es resistente al agua, a los disparos y al fuego.

La pieza de **«camisa»** es la que sujeta todo el equipo de protección y de protección vital.

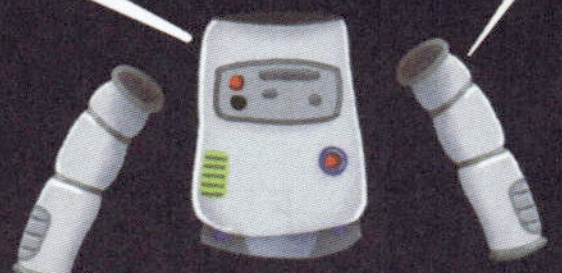

Los **guantes** tienen pequeños calentadores dentro para mantener los dedos a una temperatura cálida.

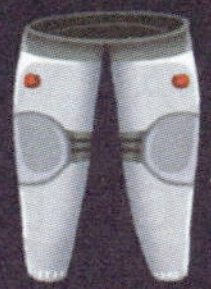

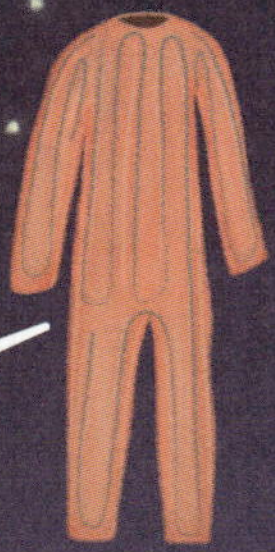

Los **pantalones** tienen aros en la cintura para que los astronautas puedan engancharse a sí mismos con la nave espacial.

El **enterizo** es de tela que se extiende y que trae diminutos tubos por los que corre agua para mantener la frescura del cuerpo de los astronautas.

Las **botas** son sumamente resistentes y hechas para caminar en superficies rocosas.

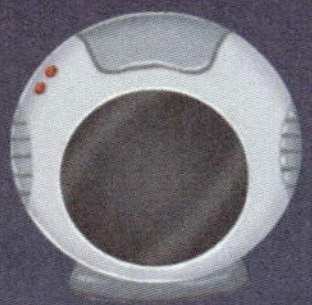

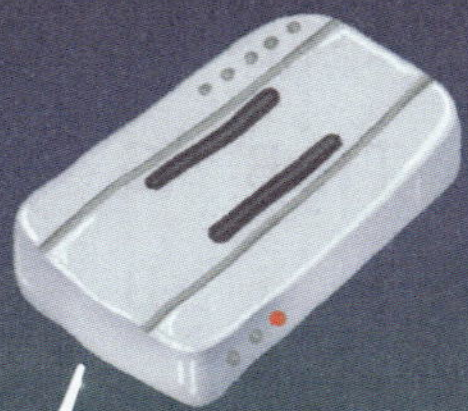

Todo el traje se completa con un **casco**. ¡Incluso lleva un pequeño bloque de esponja por si tiene comezón en la nariz!

Una **gorra** de tela que tiene un micrófono y audífonos para comunicarse con otros astronautas.

La **mochila** guarda oxígeno para respirar, la radio y otro equipo importante.

Así como cada una de esas piezas del traje, Dios tiene un propósito, un trabajo, para cada persona, cada día (Efesios 2:10). Mantente cerca de Dios, habla con Él y te enseñará lo que quiere que hagas hoy.

ELABORA UN TRAJE ESPACIAL

¿Nos divertimos en el espacio? Lo primero que necesitarás es un traje espacial. Busca algunas cajas, platos de papel, cinta adhesiva, crayones, tijeras, pegamento y algún otro material que pudieras necesitar y alístate a hacer el tuyo (pide a un adulto que te ayude a cortar el cartón). Aquí tienes algunas ideas de Raz para que puedas empezar:

- **Corta una abertura en un lado de la caja para hacer el casco.**
- **Corta agujeros para los brazos y el cuello en una caja larga para el cuerpo.**
- **Coloca pegamento en algunas tapas de botellas para hacer los botones y diales.**
- **Dibuja, colorea y corta tu propio parche de misión de la NASA, luego pégalo a tu traje.**
- **Haz una mochila de protección vital con una caja de cereal, solo tienes que forrarla con papel.**

POR AQUÍ ALGO HUELE

Los perros usan sus narices para crear su propia imagen del mundo, ¡esa es la razón por la que olfatean *todo*!

Cada orificio nasal puede oler por separado, lo que les da dos diferentes «percepciones» del mundo que los rodea. Es como si el perro pudiera oler en tercera dimensión.

Completa el rostro del perrito, usa un lápiz para dibujar una imagen idéntica de espejo.

Al igual que los perros, usamos nuestros sentidos para ayudarnos a encontrar nuestro camino en el mundo. Sin embargo, a veces necesitamos ayuda adicional. Es por eso que Dios nos dejó Su Palabra: para ayudarnos a encontrar el camino (Salmos 119:105).

SOLO EXISTE UN CAMINO

Dios creó los ocho planetas de nuestro sistema solar para *orbitar*, es decir, dar vueltas alrededor del Sol. Estos planetas siguen el mismo camino en cada giro. Sin embargo, otros planetas que no pertenecen a la Vía Láctea, siguen diferentes caminos cada vez. Estos planetas reciben el nombre de planetas *errantes*.

Mira esta imagen del sistema solar. Usa las palabras a continuación para etiquetar el Sol y los demás planetas. También etiqueta al planeta errante.

JÚPITER	MERCURIO	PLANETA ERRANTE	SOL	URANO
MARTE	NEPTUNO	SATURNO	TIERRA	VENUS

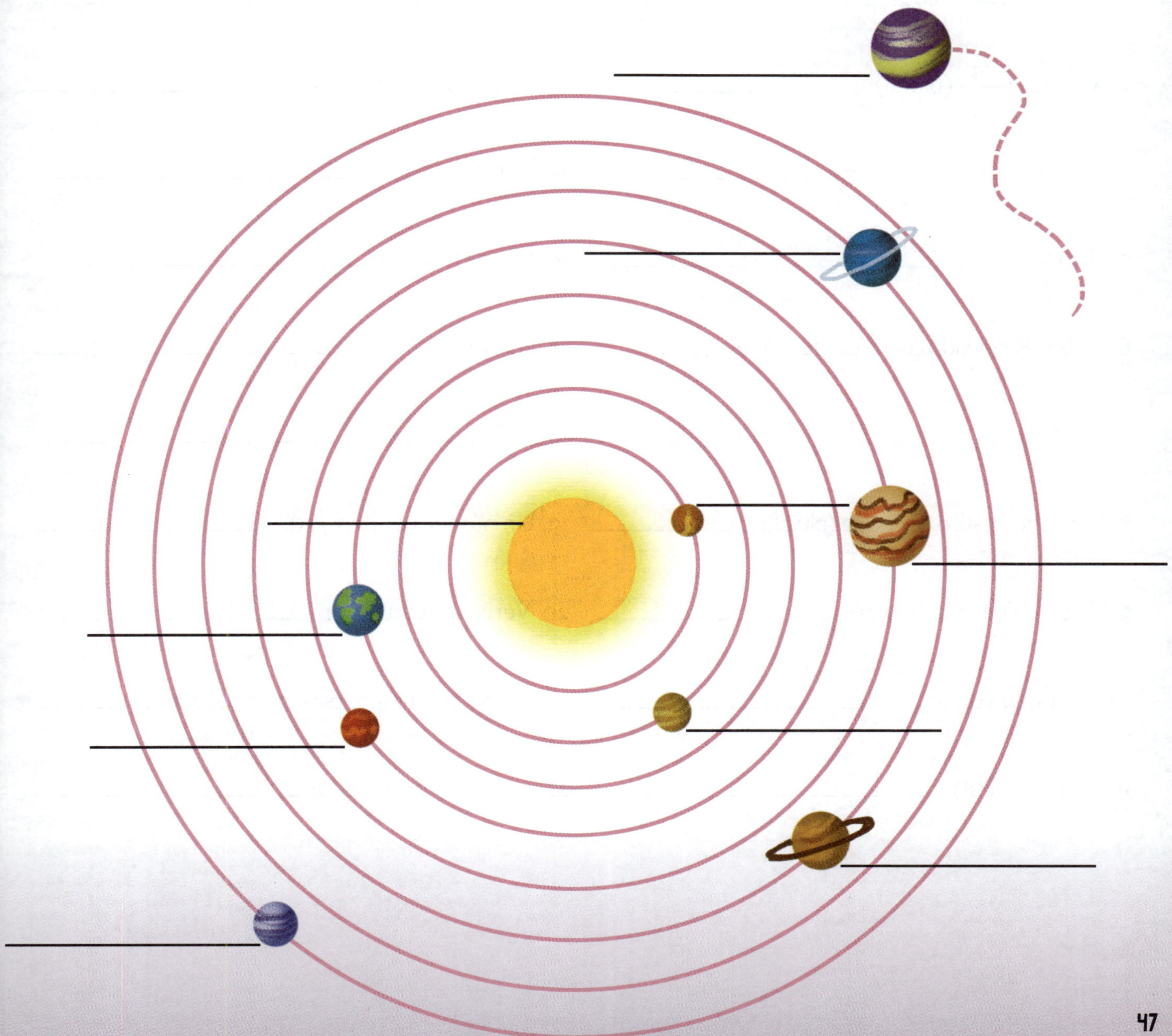

¿CÚANDO ESTAMOS?

Haz equipo con un amigo para divertirte llenando los espacios en blanco. ¡Todavía no leas la historia! Primero, mira la lista a continuación y llena cada espacio en blanco con el tipo de palabra indicada. Después, escribe las palabras en la historia según el número que corresponde a los espacios en blanco. Por último, regresa y lee toda la historia para saber qué sucedió y cuándo.

1. Algo que se usa en manualidades: ____________
2. Tipo de herramienta (plural): ____________
3. Algo pequeño (plural): ____________
4. Adjetivo para un ruido: ____________
5. Verbo: ____________
6. Verbo relacionado con un ruido (plural): ____________
7. Adjetivo: ____________
8. Electrodoméstico de cocina (plural): ____________
9. Verbo en pasado (plural): ____________
10. Sonido de un animal: ____________
11. Verbo (plural): ____________
12. Año en el futuro: ____________
13. Adjetivo: ____________
14. Una máquina enorme: ____________
15. Adjetivo: ____________
16. Postre favorito: ____________
17. Verdura: ____________
18. Color: ____________
19. Un número entre 1 y 10: ____________
20. Verbo en gerundio: ____________
21. Un nombre chistoso para una mascota: ____________
22. Un verbo en pasado: ____________

Adelynn y yo estábamos trabajando en un proyecto de ciencias de la escuela. Estábamos tratando de indagar una nueva forma de medir el tiempo. Nuestro invento quedó cubierto con __________ (1), __________ (2) y __________ (3). Fue ahí donde seguro cruzamos algunos cables porque se escuchó un tremendo ruido __________ (4). Toda la habitación empezó a __________ (5) y luego ¡PLUM!

Adelynn y yo __________ (6) y vimos alrededor. Seguíamos en la escuela, ¡pero todo era __________ (7)! Todos los chicos estaban usando __________ (8) en lugar de mochilas. El muro de una clase era una pantalla gigante que mostraba robots que __________ (9). Justo en ese momento el timbre __________ (10). Todos los chicos empezaron a __________ (11) en el pasillo. Decidimos hacerlo también.

Terminamos llegando a la cafetería. En la pared estaba el menú del almuerzo para el ¡martes, 4 de marzo de __________ (12)! ¿Qué? ¡Habíamos logrado la hazaña __________ (13) de llegar al futuro! Nos apresuramos a tomar algo para comer de un/una __________ (14) __________ (15). Solo presionabas un botón y salía un/una __________ (16) de __________ (17) __________ (18). Le dimos una calificación de __________ (19) estrellas sobre 10.

Después del almuerzo sabíamos que teníamos que regresar a nuestra era. Corrimos a donde estaba nuestro proyecto de ciencias, pero un robot estaba __________ (20) con el proyecto. Era una maestra y su nombre era Maestra __________ (21). Le explicamos lo que había pasado y ella __________ (22). De repente, el sonido __________ (4) se escuchó otra vez y... ¡PUM! Estábamos de nuevo en nuestro tiempo, solo que había un problema.

¡La Maestra __________ (21) había venido con nosotros!

NO PIERDAS NI UN MINUTO

Los científicos definen un día como la duración que le toma a la Tierra dar un giro completo sobre su eje. Se trata de un tiempo de 24 horas, ¿no es así? Bien, en realidad, cada día en la Tierra son 23 horas, 56 minutos y 4.09 segundos.

Aunque algunos lugares tienen más luz de día y otros tienen una noche más larga, todos tenemos el mismo tiempo para vivir cada día y no queremos desperdiciar ni un minuto de ese tiempo.

La Biblia nos dice que «seamos luz» que ayudemos a otros a ver a Dios (Mateo 5:16). En otras palabras, invirtamos el tiempo de cada día brillando con el amor de Dios en el mundo. Lee las ideas a continuación, luego marca cada acción de bondad después de haberla realizado. ¡Solo asegúrate de pedir el permiso de tus padres primero!

❑ 1. Cuando veas a un amigo o un vecino, sonríe, saluda y diles ¡hola!

❑ 2. Dibuja una imagen feliz o escribe un mensaje amigable con tiza en la acera enfrente de tu casa.

❑ 3. Si un vecino mayor tiene un perro, ofrécele sacarlo a pasear.

❑ 4. Si un amigo de la familia tiene niños pequeños, ofréceles un tiempo para jugar con ellos, tal vez una o dos horas.

❑ 5. ¿Tus padres están ordenando las compras? ¡Ofrece tu ayuda!

❑ 6. Visita o llama a uno de tus abuelos y charla con ellos un rato.

❑ 7. Sorprende a alguien con un ramo de flores silvestres en su entrada.

❑ 8. Hornea galletas, empácalas y compártelas con tus amigos y vecinos.

❑ 9. ¿Hay un compañero nuevo en la escuela? ¡Preséntalo a tus amigos!

❑ 10. Si ves que un vecino está trabajando afuera, llévale un vaso de agua fría en el verano o una taza de chocolate caliente en el invierno.

¡ATENTOS A LAS MANZANAS QUE CAEN!

Para conocer más acerca de la gravedad, revisa el devocional 47 de Indescriptible.

La gravedad es una fuerza que atrae a los objetos, como en el caso del piso que atrae tus pies o el juguete de resorte que cae por cada peldaño de una escalera. Según dicen los relatos, Sir Isaac Newton descubrió la gravedad hace unos 300 años y fue ¡porque una manzana le cayó en la cabeza!

La gravedad atrae todo con la misma fuerza, por ello, si dejas caer dos objetos diferentes al mismo tiempo, van a golpear el piso al mismo tiempo, a menos que el aire se entrometa en la caída. Cuando un objeto es más liviano, esponjado o se derrama, el aire puede desacelerar la caída. A eso se le llama *resistencia al aire* o *drag aerodinámico*. Haz la prueba con dos objetos diferentes, déjalos caer y observa. ¿Cuál llega al piso primero?

¿Qué necesitas?

- una roca
- una bola de algodón
- un clip de papel
- un libro
- un zapato
- un lápiz
- una bola de papel arrugado
- una hoja lisa de papel

• CARRERA 1

La roca contra la bola de algodón

¿Cuál crees que ganará?

____

¿Quién ganó en realidad?

____

CARRERA 2

El clip de papel contra el libro

¿Cuál crees que ganará?

____

¿Quién ganó en realidad?

____

CARRERA 3

El zapato contra el lápiz

¿Cuál crees que ganará?

____

¿Quién ganó en realidad?

____

CARRERA 4

Bola de papel arrugado contra la hoja lisa de papel

¿Cuál crees que ganará?

____

¿Quién ganó en realidad?

____

¿QUÉ OBSERVASTE?

____

____

____

VIDA EN LOS ÁRBOLES

Dios creó a los orangutanes para vivir durante casi toda su vida en las alturas de los árboles de las selvas tropicales de Borneo y Sumatra. Pueden agarrarse y sujetarse de las ramas tanto con sus manos, como con sus pies. De esta forma, pueden mecerse fácilmente de un árbol al otro.

Haz un mapa de los movimientos del orangután por medio de los árboles, solo sigue este orden: 

«Mécete» de un cuadro a otro cuadro, hacia arriba, abajo, horizontalmente, pero no en diagonal, y podrás llegar hasta el final.

¡LOS ANIMALES ESTÁN EN TODOS LADOS!

Los científicos calculan que existen entre uno y dos millones de especies animales diferentes en la Tierra. Estos animales se dividen en dos grandes grupos: los *vertebrados* que tienen columna vertebral y los *invertebrados* que no la poseen. Dibuja una línea para unir a cada animal con el grupo al que corresponde.

VERTEBRADOS

Los **ANFIBIOS** pueden vivir en la tierra y en el agua.

Las **AVES** son los únicos animales que tienen plumas. Nacen de un huevo recubierto por un cascarón. La mayoría de las aves puede volar, pero no todas.

Los **PECES** viven en el agua y usan branquias para respirar. Su piel está cubierta de escamas. Las aletas les ayudan a nadar y a direccionar su recorrido en el agua.

Los **MAMÍFEROS** tienen pelaje o pelo, y los bebés consumen la leche de su madre.

Los **REPTILES** ponen huevos y tienen escamas o placas dérmicas en lugar de cabello o pelaje.

INVERTEBRADOS

Los **ARÁCNIDOS** tienen ocho patas. Sus cuerpos se dividen en dos partes: la cabeza y el abdomen.

Los **CRUSTÁCEOS** tienen caparazones duros y la mayoría de ellos vive debajo del agua. Muchos tienen pinzas en sus extremidades frontales para agarrar cosas.

Los **INSECTOS** tienen seis patas. Sus cuerpos se conforman de tres partes: la cabeza, el tórax (la parte media) y el abdomen (la parte final).

Las **ESPONJAS** viven debajo del agua. No tienen cabezas, ojos, colas, ¡ni tampoco bocas! En lugar de ello, tienen cuerpos llenos de pequeños agujeros. Cuando el agua corre por esos agujeros, deja trocitos de comida.

Los científicos no saben con exactitud cuántos animales existen sobre la Tierra, pero Dios sí. Él conoce incluso a cada gorrión que vuela y que cae a tierra (Mateo 10:29, NVI). ¡Y piensa que existen más de mil seiscientos millones de gorriones!

¡ESA NO ES UNA ESTRELLA!

Evyn y Joshua observan estrellas fugaces, pero… ¿las estrellas fugaces son realmente estrellas? Descúbrelo utilizando las palabras que se encuentran en la casilla para completar los espacios en blanco a continuación.

ASTEROIDES	DESEOS	LUZ	POLVO
ATMÓSFERA	DIOS	METEORO	

¿Alguna vez has visto una estrella fugaz? Es una rápida ráfaga de ________ (1) que pasa volando a través del cielo en la noche. Lo curioso es que, las estrellas fugaces no son estrellas en realidad. Empieza como un meteorito, que es un trozo de roca espacial. Algunos son tan pequeños como un fragmento de ________ (2). Otros llegan a medir hasta 330 pies (110 m) de tamaño, quiere decir que es un poco más pequeño que un campo de fútbol (los objetos grandes reciben el nombre de ________ (3)).

Cuando un meteorito se estrella contra la ________ (4) de la Tierra, empieza a arder. Esa es la causa de la brillante raya de luz y ahí es cuando el nombre del meteorito cambia a ________ (5), o estrella fugaz.

Algunas personas dicen que puedes pedir un deseo al ver una estrella fugaz, pero es una costumbre nada más. Las estrellas no pueden cumplir deseos. Sin embargo, ________ (6) sí puede. Él escucha cada palabra que dices y responde a cada una de tus oraciones. Sus respuestas no siempre podrán ser tus ________ (7), pero siempre será lo que necesitas (Isaías 65:24, Salmos 37:4-5).

UN ARREGLO DE HOJAS

Dios les dio a los árboles una forma de producir su propio alimento con un químico llamado *clorofila*. La clorofila les da a las hojas su color verde. En el otoño, los árboles dejan de producir la clorofila y esa es la razón por la que desaparece el color verde y es cuando aparecen los brillantes colores rojo, amarillo y anaranjado.

En el cuadro a continuación, verás un grupo especial de cuatro hojas que se ven de esta manera:

¿Qué tan rápido puedes encontrarlo?

POR LOS NÚMEROS

California tiene algunos de los árboles más antiguos, los cuales reciben el nombre de secuoyas gigantes. De hecho, ¡algunos estaban vivos para el tiempo en que Jesús nació!

Resuelve los problemas matemáticos que siguen a continuación y llena los espacios en blanco para conocer cuán viejos son estos árboles y cuán alto pueden llegar a crecer.

Muchas secuoyas gigantes tienen entre ¡ ___ (D) .000 y ___ (B) 000 años!

Algunos árboles incluso podrían llegar a tener más de ¡ ___ (C) .000 años!

¡Estos sorprendentes árboles pueden crecer hasta llegar a los ___ (A) 0 metros de alto, que es más o menos la altura de la estatua de la Libertad! Y a menos que tengas brazos realmente largos, no podrás abrazar a estos árboles y la razón es que tienen troncos que pueden a llegar a más de ___ (D) ___ (A) metros.

VAMOS A LA LUNA... ¡OTRA VEZ!

La nave espacial Orión se construyó para que los astronautas de la NASA volaran a la Luna y pudieran pasar una semana explorando su superficie.

Colorea este viaje del cohete hacia la Luna.

CONSTRUYAMOS UN RELOJ SOLAR

Mucho antes de tener relojes para la pared o la muñeca, los antiguos egipcios inventaron su propia forma de calcular el tiempo: los relojes solares. ¡Los inventaron unos 3.500 años antes de que naciera Jesús! Los relojes solares usan las sombras proyectadas por el sol para indicar la hora.

Junto con Clarke sigue estos pasos para construir tu propio reloj solar (asegúrate de hacer el experimento en un día claro y soleado).

¿Qué necesitas?

- plato de papel
- un lápiz nuevo al que no se le haya sacado punta
- cinta adhesiva
- marcadores o crayones
- un reloj
- un libro, una botella de agua o una roca grande

Instrucciones

1. Toma el lápiz y pégalo en el centro del plato con cinta adhesiva, de forma que quede colocado verticalmente.
2. Coloca el plato en un lugar soleado en el exterior. ¿Ves la sombra del lápiz? (Si el día estuviera muy nublado, puede que necesites hacerlo nuevamente en un día soleado).
3. Usa un marcador o un crayón para rastrear la sombra del lápiz.
4. Revisa tu reloj para ver qué hora es. Escribe la hora a la par de la línea.
5. Usa un libro, una botella de agua o una roca grande para anclar el plato en su lugar. ¡No vas a querer que el viento lo mueva!
6. Espera más o menos una hora, luego repite los pasos 3 y 4. Trata de hacerlo varias veces durante el día para ir colocando las horas en tu reloj solar.

¡ES HORA DE LOS CHISTES!

¿Qué hace el chico que golpea un reloj? *Mata el tiempo*

¿Qué hora es cuando no puedes leer un reloj? *¡Hora de comprar gafas!*

¿Cuál es la pregunta que puedes hacer todo el día pero cuya respuesta siempre será diferente y correcta? *¿Qué hora es?*

LA LUNA EN MOVIMIENTO

En cada dato a continuación, hay una palabra con las letras desordenadas. Ordena las letras de la palabra y luego búscala en la sopa de letras y enciérrala en un círculo.

La Tierra no es el único planeta en nuestro sistema solar que tiene una **ulna** ________(1). De hecho, ¡**inSruota** ________(2) tiene 82 lunas! Una de ellas se llama **itTán** ________(3), y los astrónomos han descubierto que se está alejando de Saturno. La nave espacial Cassini pasó 13 años tomando fotografías mientras **abirotab** ________(4) alrededor de Saturno. Estas imágenes ayudaron a los **nósoomarts** ________(5) a indagar que Titán se alejaba de Saturno un total de ¡10 centímetros cada año!

Q	E	R	T	N	I	R	D	L	A
H	J	K	A	T	I	T	Á	N	Z
O	C	C	O	R	E	X	Ú	H	E
R	M	Q	A	W	A	R	T	Y	P
B	P	M	R	B	V	L	S	I	A
I	C	O	O	N	R	U	T	A	S
T	D	A	E	Q	R	N	T	O	Y
A	P	L	I	I	Y	A	T	P	L
B	R	Á	N	E	O	L	D	O	L
A	S	T	R	Ó	N	O	M	O	S

EN LO PROFUNDO DEL MAR AZUL

Imagina que eres un científico a cargo del *Deep Discoverer*, un submarino a control remoto que puede sumergirse más de 5.500 metros debajo de la superficie en el océano. ¡Eso es casi 6 km de profundidad! Termina de escribir esta historia en la bitácora (que es como un diario para los navegantes) acerca de lo que descubres.

BITÁCORA DEL DÍA

Hoy fue mi tercer día explorando el océano con el *Deep Discoverer*. Estaba estudiando este arrecife de coral cuando de repente alcancé a ver algo que brillaba a la distancia. Timoneé el *Deep Discoverer* hacia lo que vi. Entonces, de la oscuridad...

Dios es tan grande y sorprendente que nunca conoceremos todo de Él (Isaías 55:8-9), pero puedes descubrir algo nuevo cada vez que te sumerges en su palabra. ¡Vamos, haz un intento!

¡SUMERJÁMONOS!

Mira con atención esta imagen de la aventura de Joshua al sumergirse. ¿Puedes encontrar todos los animales ocultos?

¿LO VES?

Es cierto que tus ojos *ven* lo que hay alrededor de ti, pero fue Dios quién creó tu cerebro para que te cuente *qué* es lo que ves. Debido a que ves tantas cosas, tu cerebro crea atajos para decidir con rapidez qué estás viendo. Las *ilusiones ópticas* usan luz, color, patrones e incluso movimientos para engañar a tu cerebro y que tome el atajo incorrecto.

Haz tu propia ilusión óptica

Convierte dos imágenes en una con esta sencilla ilusión óptica.

¿Qué necesitas?

- cartulina blanca
- tijeras
- lápiz
- marcadores
- cinta adhesiva transparente

Instrucciones

1. Corta cuadrados de 7 x 7 cm de la cartulina
2. En el centro de uno de los cuadrados, usa un lápiz para dibujar una jaula para aves.
3. En el centro del otro cuadrado dibuja un ave. Asegúrate de que el ave sea más pequeña que la jaula.
4. Pasa marcador negro sobe la línea de los dibujos y después colorea el ave.
5. Pega la punta del lápiz al reverso de uno de los cuadrados. Ahora pega la otra cartulina asegurándote de que los dos dibujos quedan visibles. Coloca la cinta adhesiva sobre los bordes de los cuadrados.
6. Sujeta el lápiz entre tus palmas y frota tus manos juntas para hacer girar las imágenes.

¿Qué pasa con el ave?

CREADOS PARA ORAR

La oración es el acto sencillo de hablar con Dios y es parte de la creación que Él dejó en ti (1 Tesalonicenses 5:16-18). No existe una forma correcta o incorrecta de orar. La oración la puedes hacer en un susurro, con voz alta o incluso en una carta.

Usa el espacio a continuación para escribir tu propia oración a Dios, así como Adelynn lo hace. Aquí te dejamos algunas ideas para que empieces:

- Agradece a Dios por las cosas buenas en tu vida.
- Puedes pedirle lo que necesites.
- Puedes preguntarle qué puedes hacer para Él.
- Puedes pedirle que ayude a otros y que te muestre cómo puedes ayudarles también.

Amado Dios:

En el nombre de Jesús, amén.

SEMILLAS EN EL MAR

Dios creó diferentes formas para distribuir las semillas. Algunas las distribuyen los animales, otras mediante la explosión de su tegumento (¡sí, la explosión!) y algunas, como en el caso del coco, distribuyen sus semillas al flotar en el mar.

Mira estas dos imágenes de la aventura de Norah en su tabla de surf. Se ven iguales, pero no lo son. Existen siete diferencias. ¿Puedes verlas todas?

¿QUÉ PREFERIRÍAS?

¿Preferirías practicar en la tabla de surf con delfines o navegar en un barco pirata?

¿Preferirías un recorrido sobre el lomo de un guepardo o volar sobre un ave?

¿Preferirías vivir en una isla desierta o en el desierto con tu mejor amigo o amiga?

¿Preferirías tener la melena de un león o la cola de un caballo?

¡ES UNA INVASIÓN DE MICROBIOS!

Los microbios son organismos diminutos que buscan introducirse en los ojos, nariz, raspones y cortadas. Son organismos que nos atacan y nos enferman. Sin embargo, Dios nos dio un sistema inmunológico para ¡atacar a estos pequeños y escurridizos invasores!

Mira estos «microbios» de cerca, ¿ves que siguen un patrón? Llena los espacios en blanco con los microbios que faltan para completar.

AMIGOS PELUDOS, ESPONJOSOS Y PLUMOSOS

Las mascotas son animales que viven con nosotros. No suelen trabajar ni tampoco son animales para alimento como las vacas o los pollos. Los perros son las mascotas más populares, pero a las personas también les gusta tener gatos, aves, lagartijas e incluso ajolotes (que son unas salamandras que parecieran tener una cara feliz y que viven en los lagos).

Resuelve el sudoku de imágenes al dibujar en cada cuadrado la imagen de un animal, pero... ¡espera! Esta es la regla: debes incluir un gato, un perro, un conejo y un ave en cada fila, en cada columna y en cada recuadro que incluye cuatro cuadrados.

TESOROS NATURALES

Para conocer más acerca de la creación de Dios, revisa el devocional 30 de Indescriptible.

Dios creó estrellas enormes y montañas majestuosas, pero también creó las alas de las mariposas, las semillas voladoras y las flores silvestres. Explora como Norah y recolecta algunas de las creaciones más pequeñas de Dios, luego crea un móvil para mostrar los tesoros que encontraste.

¿Qué necesitas?

- pequeños tesoros de la naturaleza, como piñas de pino, bellotas, pedazos de corteza, flores silvestre y hojas
- tijeras
- hilo o lana
- una vara robusta y bonita, de unos 30 cm de largo
- cinta adhesiva

Instrucciones

1. Pide a uno de tus padres que te acompañe para ir a explorar en tu patio, un parque o un área cercana con árboles.
2. Recolecta bellotas, pequeñas piedras o conchas, hojas, semillas voladoras y otros pequeños tesoros de la creación de Dios.
3. Corta una pieza de lana de unos 30 cm. Amarra uno de los extremos de la lana a la vara y el otro extremo al tesoro, o usa cinta adhesiva para ello.
4. Repite los pasos con cada tesoro de tu colección. Usa diferentes largos de lana para crear un móvil que cuelgue en tu habitación.

DESAFÍOS EN EL EXTERIOR

1. Usa hojas, palos o rocas para deletrear tu nombre o para hacer la forma de un corazón.
2. Acuéstate sobre una manta y busca formas en las nubes.
3. Sal a buscar insectos. ¿Cuántos insectos diferentes puedes encontrar?

TEMIBLEMENTE RÁPIDO

Para conocer más acerca de los tiburones, revisa el devocional 59 de Indescriptible.

Los tiburones nadan muy rápido, ¡temiblemente rápido! La mayoría de los tiburones pueden llegar a desplazarse entre 30 a 50 km por hora, pero el tiburón de aleta corta ¡puede llegar a nadar hasta 95 km por hora! ¡Es tan rápido como un vehículo en una autopista!

Sigue estos pasos para aprender a dibujar un tiburón.

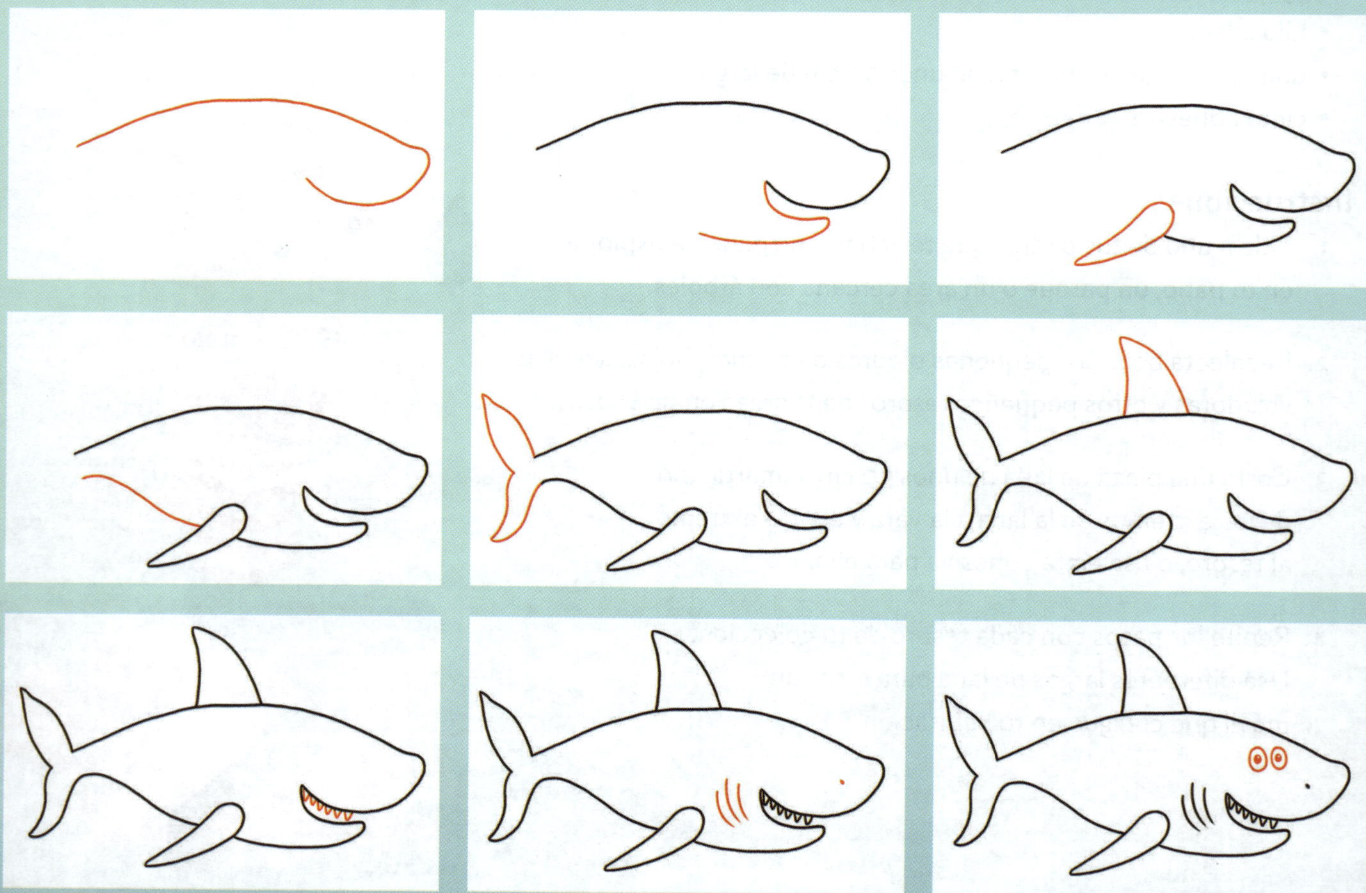

AHORA USA ESTA HOJA PARA DIBUJAR UN GRAN TIBURÓN.

GRAN CONJU... ¿QUÉ?

¿A qué se le llama la gran conjunción de planetas? Usa las palabras del recuadro para llenar los espacios en blanco y averiguarlo.

GRAN	MILLONES	SISTEMA SOLAR	VEINTE
JÚPITER	ORBITAR	SOL	

Dios estableció un lugar específico para cada planeta en nuestro ________ (1) y les dio instrucciones de a qué velocidad debían ________ (2), circular o girar alrededor del ________ (3). Saturno se tarda unos 30 años para orbitar alrededor del Sol, mientras que ________ (4) completa esa trayectoria en solo 12 años. Cada ________ (5) años, Saturno los alcanza y a eso se le llama la ________ (6) conjunción de planetas. Pareciera que los dos planetas están lado a lado en el cielo, pero en realidad ¡están separados por más de 700 ________ (7) de kilómetros!

LABERINTO ESPACIAL

¿Puedes encontrar la salida a través del laberinto espacial? Empieza con el Sol y asegúrate de pasar por la Tierra y Júpiter antes de llegar a Saturno.

PEQUEÑO PERO PODEROSO

Lee acerca de las partes básicas de todos los seres vivientes,
luego responde a las preguntas que siguen más adelante.

Dios hizo los cielos, la tierra y todo ser viviente (Génesis 1). Cuando estudiamos ciencias, como Raz, descubrimos algunos de los detalles más sorprendentes de su creación, como es el caso de las células, proteínas, *péptidos* y *aminoácidos*.

Las células son la unidad fundamental que forma a todos los seres vivientes. Adentro de cada célula encontramos proteínas. Diferentes proteínas se encargan de diferentes tareas, como combatir enfermedades y digerir los alimentos. Las proteínas también están conformadas de cadenas de péptidos y los péptidos, a su vez, están conformados de cadenas de aminoácidos, que son mucho más pequeños.

El cuerpo humano tiene unos 20 tipos de aminoácidos que se combinan y unen con otros para crear miles de diferentes péptidos, los cuales también se combinan y unen para crear miles de diferentes proteínas.

Las probabilidades de que el cuerpo humano se forme por *casualidad* con todos estos aminoácidos, péptidos y proteínas son de 1 en 10 duodecillones, y ¡ese número lleva 40 ceros después del 1! ¿Suena imposible? Para Dios, no. ¡Él puede hacerlo todo!

1. ¿En qué capítulo de la Biblia encontramos que Dios creó los cielos, la tierra y todas las criaturas vivientes?

   ____

2. ¿Cuáles son las dos tareas que cumplen las proteínas?

   ____

   ____

3. ¿De qué están hechos los péptidos?

   ____

4. ¿Cuáles son las probabilidades de que el cuerpo humano sea «producto» de un accidente?

   ____

5. Dios colocó todos estos aminoácidos, péptidos, proteínas y células en un solo lugar, con las combinaciones exactas para crearte. ¿Qué te dice esto acerca del poder de Dios y cuánto le importas?

   ____

   ____

¡UNA AVENTURA EN LAS MONTAÑAS!

Imagina que estás escalando el Monte Everest con Raz y que los guía un sherpa. El sherpa es un montañista experto y conocer el mejor camino para llegar a la cima de la montaña porque vive cerca. Termina la historia y cuenta qué sigue después.

Querido diario:

Raz y yo perdimos a nuestro sherpa. Realmente lo necesitamos porque aquí arriba no hay ni una sola señal que nos diga qué camino debemos tomar. Te cuento que nos detuvimos a revisar esta cueva de hielo que se veía realmente genial. Sin embargo, algunas de nuestras cuerdas se rompieron, entonces...

LA ZONA DE RICITOS DE ORO

Adelynn acaba de descubrir que la Tierra se encuentra en uno de los mejores lugares, es el lugar perfecto en el espacio. Los científicos le llaman a esta área la *zona habitable* o la *zona de Ricitos de oro*. La razón de su nombre es que es el lugar idóneo, con todas las características que lo hacen *perrrfecto* para que haya vida. Ordena las letras para formar las palabras en las oraciones y descubrir qué hace que esta área sea la correcta para la Tierra.

1. La Tierra está a la **idstaaicn** ______________ justa del Sol, por eso no es ni tan caluroso ni tan frío.
2. ¡Este planeta tiene muchísima **uaag** ______________!
3. La Tierra está hecha de **caor** ______________ en lugar de gas, como en el caso de Júpiter y Neptuno.
4. La magnetósfera y la capa de **oozon** ______________ actúan como **odsuec** ______________ para proteger la Tierra de los rayos dañinos del sol.
5. La **mósateraf** ______________ tiene la combinación exacta de gases para respirar.
6. La **anuL** ______________ desacelera la rotación de la Tierra para darnos un día de 24 horas.
7. El Sol es una sola estrella. Su **rocal** ______________ y **zul** ______________ permanecen casi igual todo el tiempo.
8. El planeta **piJúret** ______________ actúa como una aspiradora que limpia y desaloja a los planetas errantes, cometas y meteoros para que no golpeen contra la Tierra.
9. Los **neplatas** ______________ en nuestro sistema solar permanecen en su misma órbita.
10. La Tierra es un lugar de calma en la **aív caltáe** ______________ ______________, lugar que no está abarrotado por otros planetas ni estrellas.

ES EL LUGAR PRECISO

Las probabilidades de que otro planeta cumpla con todas las condiciones que se gozan en la zona de Ricitos de oro y que sea perfecto para tener vida son 1 en 700 quintillones, es decir 1 en 700.000.000.000.000.000.000. En otras palabras, Dios hizo la Tierra y la colocó en el lugar perfecto para tener vida (Isaías 45:18).

DESPUÉS DE TODO, ES IMPORTANTE

Usa las palabras del recuadro para ayudar a Raz a completar las respuestas a las pistas del crucigrama. (Pista: no necesitarás todas las palabras).

ALIMENTO	BACTERIAS	DELGADO	DOLOR DE ESTÓMAGO	PROPÓSITO
APÉNDICE	BOLSA	DIGERIR	HORIZONTAL	

HORIZONTAL

1. El intestino grueso está adherido al intestino ____.
3. El apéndice almacena las ____ buenas, que son las que el cuerpo necesita para romper los enlaces de los alimentos.
4. El ____ es una puntita en forma de bolsa que va pegada al intestino grueso.

VERTICAL

2. Los científicos pensaban que el apéndice no era útil. Ahora saben que tiene un ____ muy importante.
5. El intestino grueso, el delgado y el estómago trabajan todos juntos para ____ los alimentos.
6. Los intestinos están adheridos al ____.

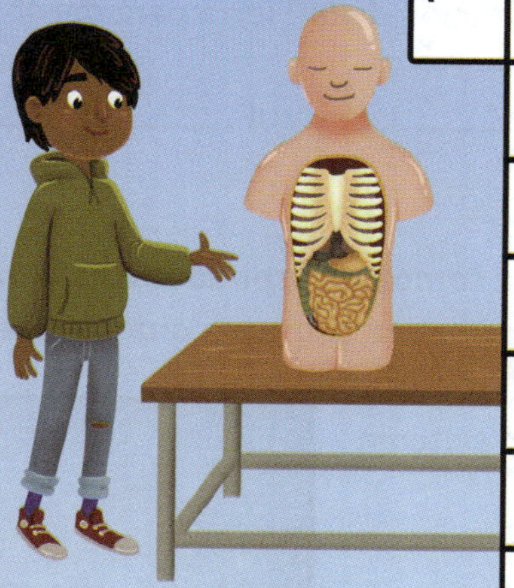

Dios le dio una tarea muy importante al pequeño y diminuto apéndice. Puede que en tu caso seas muy joven, posiblemente de talla pequeña, pero Dios tiene tareas importantes para ti también (1 Timoteo 4:12).

PARA QUE TE ENTRETENGAS

Doctor, ¿cómo sigue el niño que se tragó las monedas? *Sin cambio*

¿Qué tiene un tabique, dos ventanas y no puedes mirar? *La nariz*

Soy gran fanática de ella… tengo todos sus discos. ¿Quién es? *La columna vertebral*

¡NO TE RINDAS!

Los científicos no se dieron por vencidos cuando buscaban a esta musaraña elefante. Nadie la había visto desde 1973. Pero en 2019, con la ayuda de un poco de mantequilla de maní, volvieron a encontrarla. ¡La encontraron en Yibuti, un país de África!

Echa un vistazo a estas dos imágenes de Adelynn y a la musaraña elefante, ¿Puedes encontrar las siete diferencias?

Si alguna vez te sientes perdido como la musaraña elefante de Somalia, busca Lucas 19:10 para encontrar una promesa especial que te tiene Dios.

NO SOLO ES UNA CANICA

Para conocer más acerca de las capas de la tierra, revisa el devocional 80 de Indescriptible.

La Tierra podría parecer una enorme canica azul que flota en el espacio, pero Evyn aprendió que en realidad es un planeta conformado por cinco capas diferentes. Lee acerca de las capas y luego, coloca los nombres en cada una de las capas de la imagen.

Corteza: está compuesta principalmente de roca de granito, tiene un grosor de casi 5 km debajo del océano y unos 100 km debajo de las cordilleras montañosas.

Manto superior: está formado tanto por roca sólida como roca de contextura blanda.

Manto inferior: es la capa de roca sólida que está entre 600 y 3.000 km debajo de la superficie de la tierra.

Núcleo externo: es líquido y está conformado por hierro y níquel que crean un escudo magnético tan poderoso que llega hasta el espacio.

Núcleo interno: tiene un grosor de más de 1.200 km y está compuesto principalmente de hierro sólido, a una temperatura extremadamente caliente.

Los científicos nunca han visto el núcleo interno de la tierra, pero han estudiado las evidencias y creen que es así. Tampoco podemos ver a Dios, pero vemos la evidencia de Él en todos lados, nos rodea en el mundo que Él creó (Romanos 1:20).

____

____

____

____

____

PLANETA PIZZA

Haz una pizza que muestre todas las capas de la tierra. Usa los ingredientes a continuación o cámbialos por los que prefieras.

Ingredientes

- masa para pizza
- frasco con salsa para pizza
- queso mozzarella rallado
- pimientos picados
- jamón picado
- pepperoni
- rodajas de salchicha cocinada

Herramientas

- bandeja para pizza
- cuchara

Instrucciones

1. Pídele a un adulto que te ayude a precalentar el horno a 450 °F (230 °C).
2. Desenrolla la masa de la pizza hasta que cubra la bandeja.
3. Usa una cuchara para esparcir la salsa. Debes llegar casi al borde, no hasta la orilla, de la masa. Cubre la salsa con el queso.
4. En el centro, haz un círculo pequeño de pimientos picados.
5. Después coloca un anillo de jamón alrededor de los pimientos y un anillo de pepperoni alrededor del jamón. Al final, haz un anillo de salchicha alrededor del pepperoni, casi llegando al borde, siempre deja un poco de corteza a la vista.
6. Con la ayuda de un adulto, hornea la pizza por unos 8 a 11 minutos, o hasta que la corteza se vea dorada.
7. Déjala enfriar por unos cinco minutos, antes de cortarla en rebanadas.

Los pimientos representan el *núcleo interno*, el jamón el *núcleo externo*, mientras que el pepperoni es el *manto interno* y la salchicha es el *manto externo*. La corteza de la pizza será eso... ¡la corteza!

¿QUÉ ES EL CLIMA?

El clima es lo que sucede en el cielo y en el exterior. Los científicos siguen estudiándolo, pero Dios lo sabe todo, claro, es que Él lo creó (Jeremías 10:12-13).

Abajo encontrarás algunas palabras relacionadas con el clima, búscalas en la sopa de letras.

Q	E	R	T	N	I	R	D	L	A
H	H	K	N	I	E	B	L	A	Z
O	U	C	O	R	E	X	L	H	E
E	R	Q	A	W	A	R	U	Y	P
V	A	M	R	B	V	L	V	I	A
E	C	O	G	R	A	N	I	Z	O
I	Á	A	E	Q	R	N	A	O	Y
N	N	C	E	L	L	I	S	C	A
B	R	Á	N	E	O	L	D	O	L
A	A	C	S	I	T	N	E	V	S

Ventisca: una tormenta de nieve con vientos de al menos 56 km por hora

Niebla: una nube cerca del piso

Granizo: pedazos de hielo que se forma en las nubes

Lluvia: gotas de agua que caen al suelo

Huracán: una tormenta enorme y turbulenta con vientos de hasta 240 km por hora

Cellisca: gotas de agua y nieve que caen al suelo

Nieve: vapor de agua que se convierte en cristales de hielo y cae al suelo

¡SIGUE ESTE CAMINO!

Para conocer más acerca de la niebla, revisa el devocional 73 de Indescriptible.

En realidad, la niebla es una nube estrato que se acerca bastante al suelo. Se vuelve peligrosa para los navegantes porque no les permite ver las rocas que están cerca de la orilla. Los navegantes dependen de los faros para que su luz los guíe.

Sigue los números y conecta los puntos para que el faro pueda brillar.

Cuando los problemas hacen que tu mundo esté con un poco de «neblina» y no puedes ver qué camino seguir, habla con Dios. Él siempre estará listo para alumbrar tu camino y guiarte (Salmos 43:3).

EXPLOREMOS LO DESCONOCIDO

La *nube de Oort* es una nube esférica enorme formada por diminutas piezas de hielo y restos del espacio que rodean nuestro sistema solar. La nave espacial Voyager 1 fue la designada para conocer más de ella, pero no terminará de llegar ahí ¡sino hasta en 300 años!

Si viajas con dirección a la nube de Oort, necesitarás una nave espacial. Con la ayuda de un adulto, sigue las instrucciones y haz la tuya en compañía de Norah.

El Voyager 1 estará viajando unos 30.000 años *a través* de la nube de Oort. Imagínate esto: cuán grande, maravilloso y sorprendente es Dios que hizo la nube de Oort, ¡es el mismo que te conoce y que te ama! (Salmos 8:3-6).

¿Qué necesitas?

- papel construcción de color
- tubo de cartón vacío de un rollo de toallas de papel
- pegamento
- lápiz
- marcador negro
- tijeras
- cartulina de colores
- tazón o plato pequeño, 10 a 12 cm de diámetro

Instrucciones

1. Envuelve el rollo de las toallas de papel con papel construcción y adhiérelo con pegamento.
2. Usa otro color de papel construcción para hacer las ventanas. Con un lápiz, dibuja dos círculos usando el borde del rollo vacío y marca la orilla con el marcador negro. Luego, corta y pégalos verticalmente a un lado de la nave espacial.
3. En la cartulina, dibuja el diámetro del tazón o del plato para hacer dos círculos y córtalos.
4. Para hacer el soporte del cohete, corta un círculo en cuatro piezas iguales, tal como se muestra en el ejemplo. En la base del tubo del cohete, corta cuatro aberturas de 2.5 cm. Colócalas a una distancia uniforme. Coloca uno de los lados del círculo que cortaste en cada una de las aberturas. Tu cohete ya podrá mantenerse en pie.
5. Para el cono del cohete, corta un cuarto del círculo, tal como se muestra en la imagen. Junta los dos bordes rectos que quedaron y pégalos para hacer un cono. Pega este cono en la parte superior del cohete.
6. ¡Estás listo para despegar!

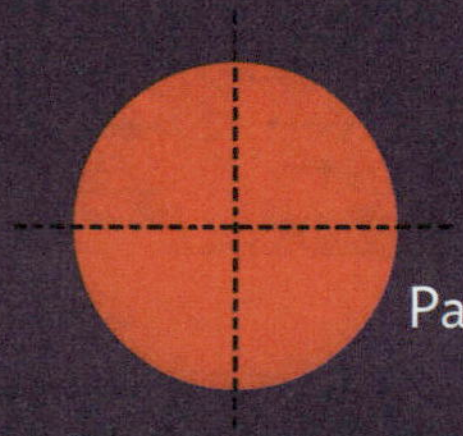

Paso 4

Paso 5

¡BRILLA COMO JESÚS!

Para conocer más acerca de la Luna, revisa el devocional 26 de Indescriptible.

Cuando Evyn observa el cielo durante la noche, puede ver la Luna que brilla, pero ¿sí brilla? En realidad, no, la Luna no brilla, sino que refleja la luz del Sol, es como si se tratara de un enorme espejo de roca que se encuentra en el espacio.

A pesar de que la Luna no crea su propia luz, sigue brillando en la oscuridad. ¡Nosotros también podemos brillar en la oscuridad! No importa donde estemos, siempre que seamos bondadosos, serviciales y amorosos como lo fue Jesús. Irradiamos Su luz en este mundo oscuro (Filipenses 2:12-15).

¿Conoces a alguien que brille con la luz de Jesús? ¿Cuándo has reflejado Su luz? Puedes usar las ideas que te dejamos a continuación o crear las tuyas, para escribir sobre esos momentos en los que «brillas».

- Vi a mi amigo brillar con la luz de Jesús cuando...
- Mis padres brillan como Jesús cuando...
- Hoy, puedo brillar al...

¡GRANDES CAMBIOS!

Para conocer más acerca de la metamorfosis, revisa el devocional 100 de Indescriptible.

Las mariposas no nacieron luciendo como mariposas, sino que, al contrario, tuvieron que pasar por cambios muy grandes en un proceso llamado *metamorfosis* para que estuvieran listas para volar.

Paso 1: Huevo
Una mariposa adulta deja un huevo sobre una planta.

Paso 2: Oruga
El huevo se rompe y sale arrastrándose una oruga, también llamada *larva*. Empieza a comerse la planta y cuando esta oruga crece, *muda*, es decir que cambia de piel. En esta etapa puede llegar a mudar de cuatro a cinco veces.

Paso 3: Pupa
Durante esta etapa de la pupa, se forma una *crisálida* alrededor de la oruga, la cual se parece a un cascarón duro. Al estar adentro, las alas y las antenas crecen. Esta etapa puede durar unos cuantos días o incluso más de un año, dependiendo de la especie de la mariposa.

Paso 4: Mariposa
La mariposa se extiende hasta salir de la crisálida. Después de que sus alas están secas, ¡la mariposa está lista para volar!

Ahora dibuja mariposas en este espacio.

UN REFRIGERIO NO TAN DELICIOSO

Conoce un poco más de las mariposas al usar las palabras que están en el recuadro para llenar los espacios en blanco (pista: no necesitarás usar todas las palabras).

ALGODONCILLO	DEFENDER	LAGARTIJAS	ORUGAS
ANARANJADO	DEPREDADOR	MONARCA	REFRIGERIO
ATACAR	ENFERMO	MORADO	VENENOSA

Dios les da a muchas de sus creaciones una forma para defenderse en contra de los depredadores. Por ejemplo, la mariposa ____________________ (1) se conoce más por sus brillantes alas ____________________ (2) con negro. Pero ¿sabías que esta mariposa es ____________________ (3)? El veneno viene de la planta ____________________ (4). Las monarcas adultas colocan sus huevos en esta planta venenosa.

De los huevos surgen las ____________________ (5), las cuales se comen la planta. El veneno ahora es parte de sus cuerpos y permanece con ellas incluso después de convertirse en mariposas. De esta manera, si algún ____________________ (6), como un ave o una lagartija, anda buscando un refrigerio colorido, ¡va a llevarse una desagradable sorpresa!

¡ESCONDITE!

Dios le dio al caballito de mar *pigmeo* una forma de mantenerse a salvo de sus enemigos: *el camuflaje*. Estos pequeños caballitos de mar tienen las mismas formaciones y colores del coral en el que viven, por lo que se vuelven casi imposibles de percibir.

Muchas de las criaturas del mar se ocultan en esta imagen en la que está Evyn. ¡Mira atentamente! ¿Puedes encontrarlas todas?

¿PODRÍA SER CIERTO?

Para conocer más sobre el Sol, revisa el devocional 15 de Indescriptible.

Dios es tan grande y poderoso que Él mismo isopló el Sol por su boca! (Revisa Salmos 33:6).
Pon a prueba tu conocimiento de cuán grande y poderoso es el Sol.
Coloca V a la par de las oraciones verdaderas y F a la par de las que sean falsas.

_____ 1. La temperatura del núcleo o centro del Sol llega a los 27 millones de grados Fahrenheit (15 millones de grados Celsius).

_____ 2. El Sol está a 150 km de distancia.

_____ 3. Casi un millón de planetas Tierra podrían caber en el Sol. ¡Sería como tratar de llenar un bus escolar con pelotas de golf!

_____ 4. Si te levantas lo suficientemente temprano, puedes ver el rostro sonriente del Sol.

_____ 5. El Sol es una estrella.

CHISTES Y ACERTIJOS

Paso frente al sol, pero no proyecto sombra, ¿qué soy?	*El viento*
¿Qué le dijo la Luna al Sol?	*Tan grandote y no te dejan salir de noche.*
¿Por qué el Sol fue a la escuela?	*¡Para ser más brillante!*
Puedo ser visto donde hay luz, pero cuando la luz del sol cae sobre mí, desaparezco. ¿Quién soy?	*La sombra*

¡Una combinación de todo!

¿Quieres ver la imaginación de Dios en acción? ¡Mira el ornitorrinco! Tiene pico de pato, cuerpo de una nutria y su cola parece la de un castor. ¡También tiene pelaje y patas de pato!

Esta imagen del ornitorrinco está mezclada. ¿Puedes tratar de ordenarla de nuevo? Copia un cuadrado de la imagen a la vez en los cuadros vacíos. Usa los números para guiarte.

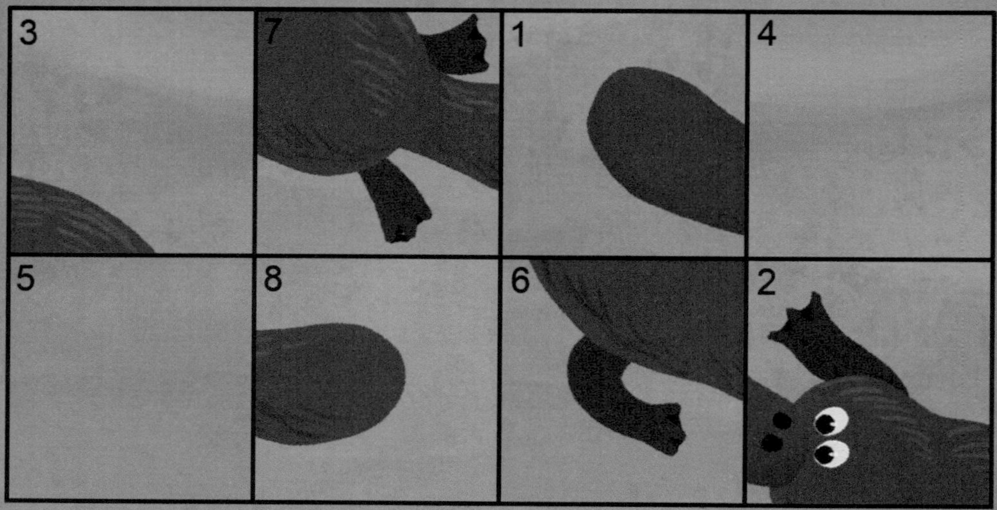

1	2	3	4
5	6	7	8

¡MEZCLAS ALOCADAS!

Algunas mezclas son maravillosas, como cuando mezclas las papas fritas con el kétchup, pero otras resultan un poco alocadas, como la mezcla del fuego con un tornado. Sin embargo, es un suceso que puede darse en algunos incendios de bosques. Cuando se eleva el aire seco y caliente de los incendios, en ocasiones empieza a girar y lleva consigo fuego, lo que crea un «*tornado de fuego*».

Llena los espacios en blanco para crear tus propias mezclas alocadas.
Luego, elige una y dibújala en el espacio que tienes abajo.

1. Fuego + tornado = tornado de fuego

2. Nieve + arcoíris = nieviris

3. Trueno + ____________ = ____________

4. ____________ + neblina = ____________

5. ____________ + ____________ = ____________

Algunos días son tan malos como si se trataran de tornados de fuego. No importa todo lo que gire alrededor de ti, recuerda que ¡Dios siempre está ahí para ayudarte a superarlo! Lee sus promesas en Isaías 43:5.

¿RECUERDAS?

La memoria a corto plazo trata de aquellos recuerdos que se mantienen por un tiempo muy corto. Se almacenan en el lóbulo frontal del cerebro. Los recuerdos de la memoria a largo plazo se forman en el *hipocampo* y es porque ¡son los que más importan!

¿Cómo es tu memoria? Toma un temporizador y déjalo correr por 60 segundos. Luego, mira con atención todas las cosas que están en los estantes de Raz. Cuando el temporizador suene, cubre la imagen con una hoja de papel. ¿Cuántas preguntas puedes responder?

1. Menciona dos colores de los libros que aparecen en el estante de la memoria a corto plazo.

____

2. ¿Qué país está en el mapa que sujeta Raz?

____

3. ¿Qué color es la bicicleta en el estante de la memoria a largo plazo de Raz?

____

4. ¿Qué tipo de sombrero está en la parte inferior del estante de la memoria a largo plazo de Raz?

____

5. ¿Cuántas paletas de dulce están en el estante de la memoria a corto plazo?

____

6. ¿Qué color es la sudadera que usa Raz?

____

7. ¿Qué tipo de peluche está en la memoria a corto plazo de Raz?

____

8. ¿Qué tipo de balón está en la memoria a largo plazo de Raz?

____

9. Menciona algo que aparezca en la parte inferior del estante de la memoria a largo plazo de Raz.

____

10. ¿Cuál es la respuesta al problema matemático en la memoria a corto plazo de Raz?

____

¡COMO EL PEGAMENTO!

Para conocer más acerca de la laminina, revisa el devocional 6 de Indescriptible.

Tu cuerpo está formado por unos 37.2 billones de células, más o menos un millón o dos. Y esas células necesitan estar unidas, por eso Dios creó la laminina, para «pegarlas» todas juntas.

La Biblia dice que Jesús «forma un todo» (Colosenses 1:17, NVI), nuestros cuerpos, almas, ¡todo! Es como una especie de laminina. Puedes dar un vistazo a cómo se ve la laminina a través de un microscopio intensamente poderoso y podrás observar una imagen sorprendente de cómo Jesús sujeta y mantiene todo unido.

Usa el código de color para pintar los espacios y descubrir la forma sorprendente de la laminina.

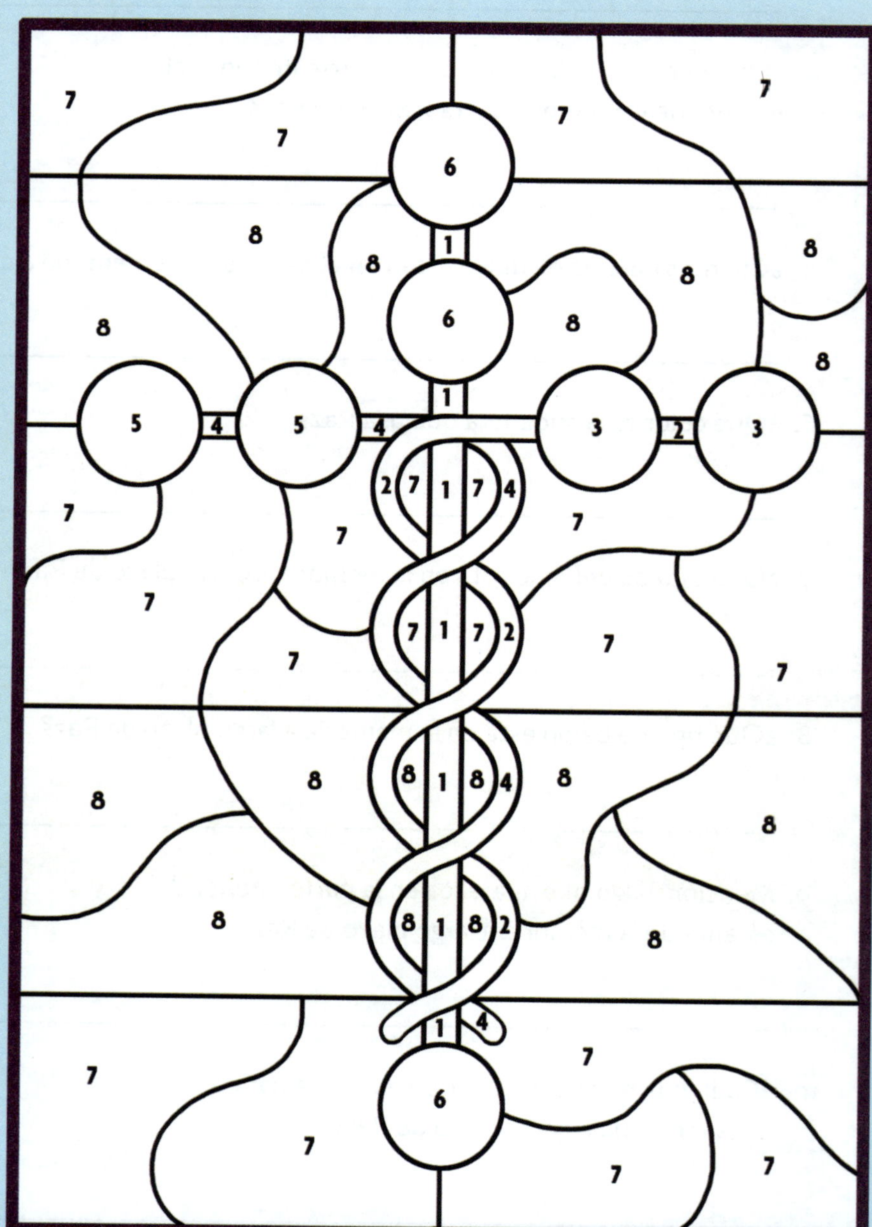

¡SÉ UN VIGILANTE DEL CLIMA!

Las nubes vienen en todas las formas, colores y tamaños. Todos esos colores, formas y tamaños diferentes nos dan una idea de cómo estará el clima. Revisa estos tipos diferentes de nubes:

Cirros: son nubes escasas y blancas que aparecen en lo alto del cielo. Aparecen cuando el clima es bueno, pero a menudo indican que el clima está a punto de cambiar.

Cirrocúmulos: son pequeñas nubes blancas en lo alto del cielo que se ven como filas de bolas de algodón. Con frecuencia aparecen en climas fríos y claros.

Estratos: son nubes espesas, bajas y grises que pueden cubrir el cielo en su totalidad. Pueden significar que pronto lloverá o nevará.

Cuando Dios ayudó a los israelitas a escapar de Egipto, los guio con una columna de humo durante el día, el cual era como una nube, y una de fuego durante la noche (Éxodo 13:21).

Cúmulos: son nubes algodonadas, blancas que aparecen en días claros y soleados. Significa que habrá buen clima en el lugar.

Cumulonimbos: son nubes altas que a medida que se alargan son más angostas desde un punto bajo hacia un punto alto en el cielo. Estas pueden significar tormentas con truenos.

Vigila el clima durante los siguientes cinco días. Usa las descripciones anteriores para identificar qué tipo de nubes ves. Luego, toma nota del clima que se da con cada tipo de nube que observas.

Día	Tipo de nube	Hora del día	Temperatura	Colores de las nubes y el cielo	¿Hay viento?	¿Llueve o nieva?
Día 1						
Día 2						
Día 3						
Día 4						
Día 5						

PLANTADAS A LA PERFECCIÓN

Para conocer más acerca de las plantas, revisa el devocional 84 de Indescriptible.

Las plantas reciben luz solar, agua, aire y nutrientes que necesitan de formas muy creativas. Por ejemplo, Dios les dio a las plantas del desierto raíces mucho más largas para que pudieran «excavar» en lo profundo en busca de agua. Las «puntas de goteo» de las hojas ayudan a las plantas de las selvas tropicales a eliminar el agua adicional. En el caso de las plantas aéreas o *epifitas*, sus nutrientes los consiguen precisamente del aire.

Cada palabra en esta lista se conecta con las plantas y la forma en la que crecen. Busca en la sopa de letras para encontrarlas todas.

Q	E	R	T	N	I	R	D	L	A	T	R	U	B	P
H	J	K	A	T	E	P	I	F	I	T	A	S	L	U
X	C	C	S	R	R	E	R	A	E	I	P	A	C	I
E	M	R	A	Í	C	E	S	Y	P	E	J	A	L	M
T	P	M	J	B	V	C	S	Z	A	R	P	I	O	I
R	F	G	O	A	V	E	D	A	D	R	O	R	H	J
A	D	A	H	Q	R	E	T	R	Y	A	K	E	H	G
L	P	L	I	I	Y	U	T	R	D	E	W	N	Q	M
O	L	A	C	I	P	O	R	T	E	U	Q	S	O	B
S	E	J	T	E	G	B	A	R	S	S	T	R	O	N
Z	Y	Z	V	X	S	A	U	E	I	L	A	T	K	M
U	Y	R	N	N	U	T	R	I	E	N	T	E	S	D
L	T	N	E	G	M	A	Z	N	R	L	E	D	A	M
H	I	O	A	E	Y	T	B	G	T	I	S	S	O	P
C	R	I	T	T	S	E	I	B	O	R	A	J	E	E

AGUA
AIRE
BOSQUE TROPICAL
DESIERTO
EPIFITAS
HOJAS
LUZ SOLAR
NUTRIENTES
RAÍCES
TIERRA

EN SUS MANOS

Para conocer más acerca de las Pléyades, revisa el devocional 42 de Indescriptible.

¡Dios es tan grande que incluso sujeta las Pléyades entre sus manos! *¿Y qué son?* Las Pléyades son un grupo de más de 3.000 estrellas que se extienden a lo largo de una distancia de 13 años luz, que es como ¡122 billones de kilómetros!

Quizás tú no puedas sujetar 3.000 estrellas en tu mano, pero ¿cuántos malvaviscos puedes sujetar? Desafía a un amigo para ver quién puede sujetar la mayor cantidad de malvaviscos en una mano.

¿Qué necesitas?

- plato de papel
- una bolsa de malvaviscos en miniatura
- un amigo (¡o unos cuantos!)

Instrucciones

1. Coloca todos los malvaviscos en un plato.
2. Cada persona debe colocar una de sus manos detrás de su espalda. Hagan turnos para ver quién puede tomar en su mano la mayor cantidad de malvaviscos durante 10 segundo, pero espera, ¡solo puedes tomar un malvavisco a la vez!
3. ¿Cuál es la cuenta final?

Intenta este experimento con otros objetos como monedas, ositos de goma, o ¡incluso calcetas!

INTENTA ESTO:

- El grupo de las Pléyades está conformado por más de 3.000 estrellas. ¿Cuántas estrellas puedes contar en el cielo?
- Imagina que descubriste una estrella nueva. ¿Qué nombre le podrías?
- ¿Cuál es el balón más grande que puedes tomar con una sola mano? ¿El de béisbol, fútbol, básquetbol?
- ¿Qué tan rápido puedes moverte? Configura el temporizador por 60 segundos y mira cuántas cosas puedes guardar en tu habitación.
- Con el permiso de tus padres, organiza una carrera de obstáculos en el interior de tu casa con cojines de sofá, cacerolas, mantas y otros objetos. Desafía a tu familia y amigos a ver quién puede atravesarla en el menor tiempo posible.

EL MÉTODO CIENTÍFICO

Cuando los pensadores científicos quieren buscar una respuesta a cómo, cuándo y por qué suceden ciertas cosas, usan el *método científico.* Al usar el método científico, hacen pruebas y experimentos con los que pueden aprender acerca del mundo que nos rodea. Estos son los pasos:

PASO 1: OBSERVACIÓN

Ve algo y cuestiónate al respecto.

PASO 2: PREGUNTA

Hazte una pregunta acerca de lo que observaste.

PASO 3: HIPÓTESIS

Fórmate una hipótesis, que es una posible respuesta a la pregunta que te hiciste en el paso 2.

PASO 4: EXPERIMENTA

Haz pruebas de la hipótesis.

PASO 5: RESULTADOS

Anota los resultados del experimento.

PASO 6: CONCLUSIONES

Estudia los datos y decide si la hipótesis era correcta.

¡EXPERIMENTEMOS!

¿Alguna vez has visto que alguien coloque sal sobre las carreteras o aceras cubiertas de hielo? ¿Por qué lo hacen? ¿Será que el hielo se derrite más rápido? Usa el método científico para averiguarlo.

¿Qué necesitas?

- 2 tazones pequeños
- cubos de hielo
- cucharas medidoras
- sal
- temporizador

Instrucciones

1. Decide cuál es tu hipótesis. Puede ser algo como esto: *Creo que, al agregar sal, los cubos de hielo se derretirán más rápido.* O puede ser algo similar a esto: *Creo que el hielo simple se derretirá más rápido.* Escribe tu hipótesis en este cuadro.
2. Llena los dos tazones con cubos de hielo. Usa el mismo número de cubos en cada uno.
3. Deja caer tres cucharadas de sal sobre el hielo en uno de los tazones. No hagas nada con el otro tazón.
4. Configura el temporizador por 10 minutos.
5. Cuando suene la alarma, revisa el hielo. ¿Cuál se derritió más? Anótalo en el cuadro.
6. Configura el temporizador por otros 10 minutos y revisa de nuevo el hielo. Anota los resultados.
7. Configura el temporizador por 10 minutos por última vez. Revisa el hielo y anota los resultados.
8. ¿Cuál es tu conclusión? ¿El hielo se derritió más rápido con o sin la sal? ¿Tu hipótesis es correcta?

CONTROL DEL EXPERIMENTO

Paso 1	Observación	Las personas colocan sal en las carreteras y aceras con hielo.
Paso 2	Pregunta	¿La sal hace que el hielo se derrita más rápido?
Paso 3	Hipótesis	
Paso 4	Experimento	
Paso 5	Anotación de los datos	Después de 10 minutos: Después de 20 minutos: Después de 30 minutos:
Paso 6	Conclusión	

¡SALTOS FELICES!

Dios les dio a los conejos una de las formas más divertidas para mostrar su felicidad: ¡las piruetas! Cuando los conejos están felices, saltan, giran y bailan en un movimiento que llamamos *¡piruetas!*

Cada conejito tiene su propia forma y estilo de hacer piruetas.
Haz un mapa de los movimientos de las piruetas de este conejito y sigue este orden:

Para llegar a la línea de meta, «salta» un solo cuadro a la vez, arriba, abajo, horizontal, pero no diagonalmente.

¿MAL HUMORADO POR EL HAMBRE?

Joshua se siente un poco mal humorado por el hambre. ¿De qué se trata este sentimiento de mal humor por el hambre? Ordena las letras de las palabras para averiguarlo.

Cuando combinas **eharmb** ____________ (1) y **oojne** ____________ (2) obtienes un sentimiento feo que se conoce como **lam rhuom rpo eharmb** ____________ (3). Este sentimiento es más que solo un proceso de **ittcadu** ____________ (4). En realidad, hay algo que sucede adentro de tu **procue** ____________ (5).

Tu cuerpo usa los alimentos que consumes para formar **zaraúc** ____________ (6) simple. Después, usa estos azúcares para **grineea** ____________ (7). Cuando no has comido y tu energía empieza a decaer, tu cerebro piensa que estás en **bramoples** ____________ (8). Es ahí cuando se activa el **ttoninis** ____________ (9) de **dhiau** ____________ (10) que es el envío de adrenalina y iempiezas con el mal humor por hambre! Tener este sentimiento hace difícil el **lrtcnoo** ____________ (11) de tus emociones y entonces te enojas por cosas que por lo general no te molestan. ¿Cuál es la cura? ¡Come algo!

Cuando estás mal humorado por el hambre, puedes decir o hacer cosas que hubieras deseado no haber dicho o hecho. Lleva una merienda, respira profundamente y di «lo siento» a la persona que hayas lastimado y a Dios. Él promete perdonarte (1 Juan 1:9).

¿QUÉ PREFERIRÍAS?

¿Preferirías comer una patata cruda o un limón entero?
¿Preferirías renunciar por un año a los dulces o a los videojuegos?
¿Preferirías comer una hormiga o el aguijón de una abeja?
¿Preferirías comer solo el mismo platillo favorito por el resto de tu vida o nunca volver a comer ese platillo favorito?
¿Preferirías beber cátsup con una paja (pajilla) o comer mostaza con una cuchara?

¡DIOS TE HIZO SORPRENDENTE!

Para conocer más acerca de la galaxia Remolino, revisa el devocional 55 de Indescriptible.

Aléjate en el espacio unos 31 millones de años luz y encontrarás la galaxia Remolino. Es uno de los lugares en donde Dios crea estrellas.

Mucho más sorprendente que cómo Dios crea las estrellas es la forma en la que te creó y formó (Salmos 139:13-14). Cada detalle está cuidadosamente planeado, hasta los dones que Él puso en ti. No son como regalos de cumpleaños, ¡son mucho mejores! Son dones como servir, enseñar y animar (Romanos 12:6-8).

Haz el siguiente cuestionario para aprender más acerca de los dones que Dios puso en ti. A la par de cada oración, escribe el número que mejor encaje contigo. Suma los números en cada sección. Las secciones con los puntos más altos son las áreas en donde podrían estar tus dones.

1—No soy así **2**—A veces soy así **3**—¡Así soy!

Servicio

_____Busco maneras en las que pueda ayudar a otros.

_____Me encanta ayudar a otros a sacar la basura, recoger las hojas secas o lavar los trastos.

_____Cuando las personas me piden ayuda, generalmente digo que sí.

_____*Total*

Enseñar

_____Me encanta ayudar a las personas a que aprendan de la Biblia.

_____Me encanta aprender nueva información.

_____Disfruto hacer espectáculos con marionetas, cantar y hacer otras actividades para contar historias bíblicas.

_____*Total*

Animar

_____Me doy cuenta cuando alguien tiene talento en hacer algo específico y le digo lo bueno que es.

_____Tengo una perspectiva positiva y me gusta enfocarme en los buenos aspectos de la vida.

_____Me encanta escuchar lo que otros tienen que decir.

_____*Total*

Dar

_____Disfruto mucho poder ayudar con dinero y dar regalos a otros.

_____Me gusta hacer regalos para otras personas.

_____Busco formas en que pueda dar algo a las personas que lo necesiten.

_____*Total*

Liderazgo

_____Me gusta organizar actividades

_____Siempre quiero esforzarme de la mejor forma.

_____Por lo general, tomo cargos dentro de un grupo.

_____*Total*

Bondad y compasión

_____Me encanta ayudar a otros a arreglar sus problemas.

_____Disfruto hacer que los demás sonrían.

_____Cuando alguien se siente mal, también me pongo triste.

_____*Total*

¿Cuáles son los dones que ves dentro de ti?

____

____

¡SONRÍE!

Leer la Biblia cada día mantiene tu fe firme. Pero ¿qué pasa con los dientes? ¿Qué los mantiene fuertes? ¡Cepillarse y pasarse el hilo dental todos los días!

Contesta estas preguntas para completar el crucigrama y ¡a molar!

HORIZONTAL

3. Los dientes tienen esta cobertura blanca aperlada, llamada ____.
4. Este tipo de médicos ayuda a cuidar tus dientes.
5. Cuando hay un agujero en el diente por deterioro, este agujero se llama ____.
8. Las piezas dentales posteriores, o sea los *molares*, se usan para ____.
10. Todos los días debes cepillarte y pasar el ____.
11. Los dientes frontales, los *incisivos*, son buenos para esta acción.

VERTICAL

1. ¿Qué colocas en el cepillo de dientes?
2. Cierras tu boca cada vez que ____ tu comida.
6. ¿Qué expresión facial pides a las personas al tomarles una fotografía?
7. El esmalte es lo más duro en tu cuerpo, es incluso más duro que los ____.
9. Esto es lo que hace tu boca cuando estás feliz.

¡FELIZ SIESTA!

La NASA hizo un estudio sobre las siestas y descubrió que los astronautas eran más felices, creativos y atentos después de haber tomado una siesta.

También algunos animales valoran unos minutos más durmiendo. Los perros se la pasan dormitando más o menos la mitad del día, mientras que los gatos son famosos por sus siestas (¿siesta de gato, alguien quiere?). Los delfines duermen con un ojo abierto para mantenerse vigilantes ante el peligro. Las nutrias flotan en el agua durante sus siestas y se sujetan a las algas marinas u otras nutrias para no naufragar. Las aves llamadas *fragatas* llegan a tomar siestas mientras vuelan a lo largo de su viaje de varios meses a través del océano.

REPASA LA INFORMACIÓN DE LAS SIESTAS

1. ¿Qué averiguó NASA acerca de las siestas?

   ____

2. ¿Qué tipo de aves toman siestas mientras vuelan?

   ____

3. ¿Qué animal duerme con un ojo abierto?

   ____

4. ¿Cuánto tiempo duermen los perros en el día?

   ____

5. ¿Cómo evitan las nutrias naufragar mientras duermen?

   ____

Tal vez no quieras tomar una siesta en el agua o en medio del viento, pero puedes descansar en todos lados porque sabes que Dios nunca duerme. Siempre está despierto y atento para cuidarte (Salmos 121:4).

EL SUEÑO PERFECTO

¡La pandilla Indescriptible disfruta de una siesta relajante! Intenta poner en práctica estos consejos para que tengas la mejor de las siestas:

- Haz tu siesta antes de las 3:00 p. m. para que no arruine tu sueño durante la noche.
- Elige un buen lugar, uno que sea oscuro y silencioso.
- Acurrúcate con tu frazada, almohada o muñeco favorito.
- No duermas demasiado o puede ser muy difícil despertarte. Una siesta de 10 a 20 minutos es lo mejor.

PISTAS EN LAS ROCAS

Para conocer más acerca de los fósiles, revisa el devocional 65 de Indescriptible.

Algunas rocas son *fósiles*, estas son rocas con rastros antiguos que animales o plantas dejaron impresos en ellas.

Los fósiles pueden formarse cuando muere un animal, en especial si su cuerpo se sumerge en el lodo. Con el tiempo, las rocas *sedimentarias*, pedazos pequeños de rocas, conchas o huesos cimentados fusionados, que se forman alrededor de los restos de un animal, crean un fósil.

Los científicos que estudian los fósiles se llaman *paleontólogos* y los estudian para aprender de las plantas y animales que existieron hace mucho tiempo. Imagina que eres un paleontólogo que se dirige a un sitio de excavación. Sigue las instrucciones y el mapa para averiguar a dónde debes ir desde la isla al sitio. Dibuja tu camino desde la embarcación hasta el fósil.

1. Súbete a la barca y rema hacia la tienda de campaña con suministros. Haz un círculo alrededor de siete cosas que vayas a necesitar. ¿Quieres la brocha suave, las gafas, el sombrero, el pico, la lupa, la botella de agua, los binoculares, el libro de fósiles, el protector solar o la pala?
2. Coloca todo en tu maleta. Ahora estás listo para cruzar el arroyo. ¿Cómo llegarás sin mojarte?

   ____

3. Camina por los senderos y atraviesa el bosque. ¿Cuántos árboles hay en el bosque?

   ____

4. ¿Cómo vas a bajar por el precipicio hasta el sitio de la excavación?

   ____

5. ¡Tu mochila está muy pesada! ¿Cuáles son los dos instrumentos que dejarás en el camino?

   ____

6. Ahora dirígete al sitio de la excavación. Parece que está en medio del desierto. ¿Cuál es el suministro que necesitas para mantenerte hidratado?

   ____

   Si no lo traes contigo, vas a tener que regresar a la tienda de campaña y cambiar uno de tus instrumentos.

7. ¡El equipo ya encontró un fósil! Mira esos brazos cortos, esa cola larga y esos dientes tan grandes. ¿Qué tipo de fósil podría ser?

   ____

8. ¿Qué herramienta usarías para terminar de limpiar todo el polvo que cubre el esqueleto? Recuerda, ¡deberás tener mucho cuidado!

____

Si no tienes este instrumento contigo, ¡vas a tener que empezar de nuevo!

¡TODO ES ELEMENTAL!

Dios creó el mundo, usó ingredientes que llamamos *elementos* como el carbono, oxígeno y oro. Los elementos solo se componen por un tipo de átomo, que son las sustancias fundamentales de nuestro mundo; pero se combinan con otros para formar todo lo demás. Por ejemplo, dos átomos de hidrógeno, combinados con uno de oxígeno crean un *compuesto* que se llama agua, o sea, H_2O.

Existen 118 elementos y están clasificados en una *tabla periódica de elementos*. Cada cuadrado guarda mucha información: el nombre del elemento, el símbolo y el número atómico.

En esta tabla periódica faltan algunos nombres. Sigue las pistas para completar las respuestas.

1 H Hidrógeno								
3 Li Litio	4 Be Berilio							
11 Na ______	12 Mg Magnesio							
19 K Potasio	20 Ca ______	21 Sc Escandio	22 Ti Titanio	23 V Vanadio	24 Cr Cromo	25 Mn Manganeso	26 Fe ______	27 Co Cobalto
37 Rb Rubidio	38 Sr Estroncio	39 Y Itrio	40 Zr Zirconio	41 Nb Niobio	42 Mo Molibdeno	43 Tc Tecnecio	44 Ru Rutenio	45 Rh Rodio
55 Cs Cesio	56 Ba Bario		72 Hf Hafnio	73 Ta Tantalio	74 W Wolframio	75 Re Renio	76 Os Osmio	77 Ir Iridio
87 Fr Francio	88 Ra Radio		104 Rf Rutherfordio	105 Db Dubnio	106 Sg Seaborgio	107 Bh Bohrio	108 Hs Hasio	109 Mt Meitnerio
			57 La Lantano	58 Ce Cerio	59 Pr Praseodimio	60 Nd Neodimio	61 Pm Promedio	62 Sm Samario
			89 Ac Actinio	90 Th Torio	91 Pa Protactinio	92 U Uranio	93 Np Neptunio	94 Pu Plutonio

Los elementos similares están juntos en la tabla periódica, como los gases nobles, los metales y los no metales.

El **radio** es un elemento *alcalinotérreo*. Los metales alcalinotérreos son suaves, plateados y brillantes.

NÚMERO ATÓMICO	PISTAS	RESPUESTAS
2	Los globos flotan cuando los llenas con este elemento.	________
8	Este elemento está en el aire que respiramos.	________
11	Este elemento tiene un sabor salado.	________
20	Este elemento fortalece los dientes y los huesos.	________
26	Si haces pesas, puede que llegues a ser tan fuerte como este metal pesado.	________
28	Muchas monedas están compuestas por este elemento que rima con píxel.	________
47	En algunos países al dinero también le llaman como este elemento.	________
79	Es un metal amarillo y brillante que se usa para hacer monedas y joyería.	________

El **plomo** es un *metal postransicional*. Estos metales son buenos conductores del calor y la electricidad.

El **cobre** es un *metal transicional*. Nuestros cuerpos necesitan algunos de estos metales como el hierro, zinc y cromo, para mantenerse saludables.

El **argón** es un *gas noble*. Los gases nobles no tienen olor ni color.

El **azufre** es un *no metal*. Los no metales se encuentran en la corteza de la tierra, en la atmósfera e incluso en el cuerpo.

								2 He ____
			5 B Boro	6 C Carbono	7 N Nitrógeno	8 O ____	9 F Flúor	10 Ne Neón
			13 Al Aluminio	14 Si Silicio	15 P Fósforo	16 S Azufre	17 Cl Cloro	18 Ar Argón
28 Ni ____	29 Cu Cobre	30 Zn Zinc	31 Ga Galio	32 Ge Germanio	33 As Arsénico	34 Se Selenio	35 Br Bromo	36 Kr Kriptón
46 Pd Paladio	47 Ag ____	48 Cd Cadmio	49 In Indio	50 Sn Estaño	51 Sb Antimonio	52 Te Teluro	53 I Iodo	54 Xe Xenón
78 Pt Platino	79 Au ____	80 Hg Mercurio	81 Tl Talio	82 Pb Plomo	83 Bi Bismuto	84 Po Polonio	85 At Astato	86 Rn Radón
110 Ds Darmstadio	111 Rg Roentgenio	112 Cn Copernicio	113 Nh Nihonio	114 Fl Flerovio	115 Mc Moscovio	116 Lv Livermorio	117 Ts Teneso	118 Og Organesón
63 Eu Europio	64 Gd Gadolinio	65 Tb Terbio	66 Dy Disprosio	67 Ho Holmio	68 Er Erbio	69 Tm Tulio	70 Yb Iterbio	71 Lu Lutecio
95 Am Americio	96 Cm Curio	97 Bk Berkelio	98 Cf Californio	99 Es Einstenio	100 Fm Fermio	101 Md Mendelevio	102 No Nobelio	103 Lr Lawrencio

¡SALUD!

Dios sonríe cuando compartimos. Sin embargo, Clarke comparte algo que nunca queremos compartir: ¡microbios! (al estornudar, ¡tápate con el codo, Clarke!). Usa las palabras para contestar el crucigrama y explorar más acerca de estos invasores microscópicos (pista: no necesitarás todas las palabras).

VERTICAL

1. Los microbios tratan de invadir tu cuerpo y ____.
3. Por lo general decimos: «¡Salud!» cuando alguien ____.
4. Cuando estornudes, tápate con el ____ para que no compartas los microbios.
6. El nombre científico de un microbio es ____.
8. Cuando tienes un resfriado, es posible que vayas a ____.
9. Un ____ puede ser un virus, una bacteria, un parásito o un hongo.

HORIZONTAL

2. Puedes deshacerte de muchos microbios al ____ tus manos.
5. Los microbios son tan pequeños que necesitas un ____ para verlos.
7. Cuando toses o estornudas al aire, pequeñas gotas de ____ vuelan a todos lados.
10. Los microbios son pequeños ____ vivos.

AGUA	ENFERMARTE	HORAS	MICROBIO	PATÓGENO
CODO	ERUCTO	INVADIR	MICROSCOPIO	TOSER
CUBRIR	ESTORNUDA	LAVAR	ORGANISMOS	

¡JUSTO EN MEDIO DEL OJO!

Termina de escribir la historia a continuación y dinos qué pasa después.

Querido diario viajero:

Hoy temprano Joshua y yo sobrevolábamos la misteriosa estructura de Richat en nuestro globo aerostático. Nos miraba como si se tratara de un ojo gigante que no parpadeaba, tal vez tenía un diámetro de 40 km, era como un brillante ojo azul. Luego, escuché un terrible sonido de algo que se rasgaba. Un ave se había estrellado contra nuestro globo y ¡su pico había hecho un agujero gigante! De repente, empezamos a caer y ¡muy rápido! Íbamos a estrellarnos a la mitad de ese brillante ojo azul...

SOLO UN POCO DIFERENTES

Para conocer más acerca de los nombres que reciben los animales bebés, revisa el devocional 14 de Indescriptible.

A los gatos bebés se les llama *gatitos*, a los perros bebés se les llama *cachorros*, al igual que a los bebés de los zorros que también se les llama *cachorros*. A los bebés de los burros se les llama *pollinos*; los *alevines* son los bebés de los peces y los *ballenatos* son las crías de las ballenas.

Mira con atención estos grupos de animales bebés. Haz un círculo alrededor del animal que luce un *poco* diferente en cada grupo.

Jesús también fue un niño igual que tú. A medida que crecía, su cuerpo se fortalecía, pero lo más importante es que Jesús crecía en sabiduría y en el amor de Dios (Lucas 2:52). ¡Tú también puedes crecer así!

¡CÉLULABREMOS!

Para conocer más acerca de las células, revisa el devocional 66 de Indescriptible.

Cada ser viviente está formado por una o más células. Estos organismos construyen bloques que Dios usa para crear vida. La mayoría de las células son animales o vegetales. Las células animales (que conforman los cuerpos) tienen tres partes principales: membrana celular, citoplasma y núcleo.

Usa las definiciones a continuación para ayudarte a identificar las partes de esta célula animal.

Membrana celular: es un muro delgado, pero fuerte que rodea la célula y actúa como un guardián, el cual permite que lo bueno ingrese y que lo malo se quede afuera.

Citoplasma: se compone principalmente de agua y le da forma a la célula. En él se encuentran los *organelos* que crean proteína y transforman los alimentos en energía.

Núcleo: es el «cerebro» de la célula y es el que da indicaciones a la célula para crecer y reproducirse.

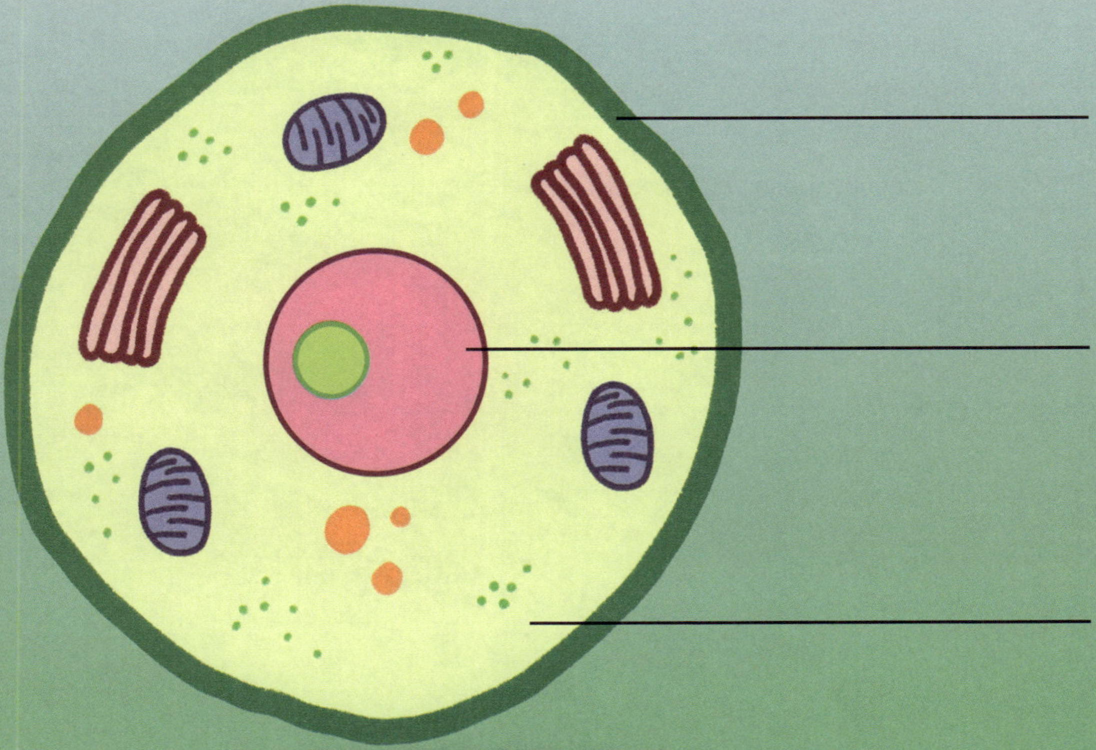

¿SABÍAS QUE...?

- Las células vegetales tienen un muro celular resistente alrededor de la membrana celular. Ayuda a las plantas a permanecer firmes.
- Las bacterias son organismos vivos que solo tienen una célula (unicelulares).
- La mayoría de las células son diminutas, en la cabeza de un alfiler pueden caber más de 10.000 células humanas.
- La célula más grande es la yema de un huevo de avestruz, ¡que puede pesar hasta 1,4 kilogramos!

¡TODOS, SONRÍAN!

Para conocer más acerca del Voyager 1, revisa el devocional 77 de Indescriptible.

¡Imagina ver la creación de Dios desde el espacio! El Voyager 1 nos ayuda con eso. En 1977, la NASA lo lanzó a una misión para tomar imágenes. Trece años después, poco después de haber pasado Plutón, el Voyager 1 giró y tomó una imagen de la Tierra. A esta foto se le llama «un punto azul pálido» porque la Tierra se veía como un pequeño punto en el espacio.

Dibuja una línea para ayudar al Voyager 1 a llegar desde la Tierra hasta el lugar de la cámara tan rápido como puedas. Quédate entre las líneas y no te «estrelles» contra ninguno de los planetas que se interpongan en tu camino.

A DONDE QUIERA QUE VAYAS

Usa las palabras del recuadro para ayudar a Evyn a llenar los espacios en blanco y aprender más de las tortugas y de su fortaleza móvil.

Imagina que llevas tu ______________ (1) personal a donde quiera que vayas. Esa es la vida de las ______________ (2) terrestres y de agua. Desde la tortuga laúd de 680 kilogramos hasta la pequeña tortuga manchada de 6 cm de largo, lo que todas tienen en común es su ______________ (3).

Ese caparazón está compuesto de más de 60 ______________ (4) y cubierto con placas duras llamadas ______________ (5). El caparazón está adherido a su ______________ (6) y trabaja como una cápsula de costillas que protege el suave cuerpo de la tortuga. Cuando se siente amenazada, puede introducirse en su caparazón para sentirse a salvo.

Tú también tienes tu propia fortaleza personal. No será algo grande, formada de hueso en tu espalda, pero tu fortaleza es mucho más resistente que el caparazón de una tortuga: es Dios. Es Él quien te rodea con su ______________ (7) y va contigo a donde quiera que vayas.

AMOR	HUESOS
CAPARAZÓN	PLACAS DÉRMICAS
COLUMNA VERTEBRAL	TORTUGAS
FORTALEZA	

¿Qué tiene una armadura sin ser un caballero, suena, pero no es un tambor y siempre está en su casa, aunque esté en movimiento?

Sí, lo adivinaste, ¡es una tortuga!

Comparte este acertijo con tus amigos para ver quién te da la respuesta correcta.

¿QUÉ TAN FRESCO TE SIENTES?

Los copos de nieve son cristales transparentes de hielo que se forman en lo alto de las nubes. Cuando se agrupan, se ven de color blanco. Si ves de cerca, te darás cuenta de que Dios nunca hace dos copos iguales. Cada uno es hermoso en su propia manera, ¡como tú y yo!

Norah tiene un copo de nieve y junto con Adelynn decidieron darle un nombre: Singularcito. ¿Cuántas palabras puedes crear usando las letras de Singularcito? (Ejemplo: *lago, saco*). Escríbelas todas en las siguientes líneas.

¿Qué tal te fue?

0–5: tu cerebro está frío. ¡Sigue buscando!

6–10: ¡Vas pensando bien!

11–15: ¡Qué ingenioso pensamiento, tan agudo como un cristal de hielo!

16–20: ¡Tienes una tormenta de pensamientos!

¡QUE CAIGA NIEVE!

Un copo de nieve «ordinario» requiere unos 200 cristales de hielo. En 1887, en Montana, lograron ver un copo de nieve *extraordinario*. Tiene el récord de ser el copo de nieve más grande y llegó a medir 38,1 cm de ancho y 20,3 cm de largo.

Con la ayuda de un adulto, sigue estas instrucciones para crear tus propios copos de nieve.

¿Qué necesitas?

- 4 limpiapipas (para cada copo)
- tijeras
- hilo de pescar
- cuchara de madera
- tazón de vidrio grande
- agua
- tazón apropiado para microondas
- potenciador del jabón de lavandería
- cuchara
- plato

Instrucciones

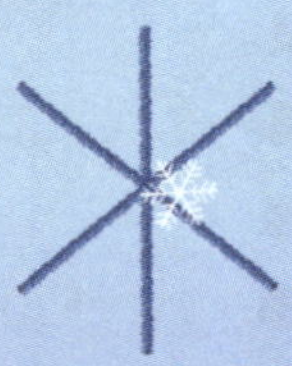

1. Corta 2 limpiapipas por la mitad. Une 3 mitades con un giro para hacer una estrella.

2. Corta la mitad restante a la mitad nuevamente. Corta otro limpiapipas en 4 pedazos, así tendrás 6 piezas, todos del mismo tamaño.
3. Corta el último limpiapipas en 6 pedazos.
4. Enrolla todas las piezas alrededor de las puntas de tu estrella para hacer un patrón, el diseño que quieras.

5. Corta un pedazo de hilo de pescar y átalo a un borde del copo de nieve. Ata el otro borde del hilo alrededor de la cuchara de madera.
6. Deja la cuchara de madera sobre el gran tazón de vidrio con agua. Ajusta el largo del hilo para que el copo de nieve esté completamente en el agua, pero sin tocar el fondo del tazón.

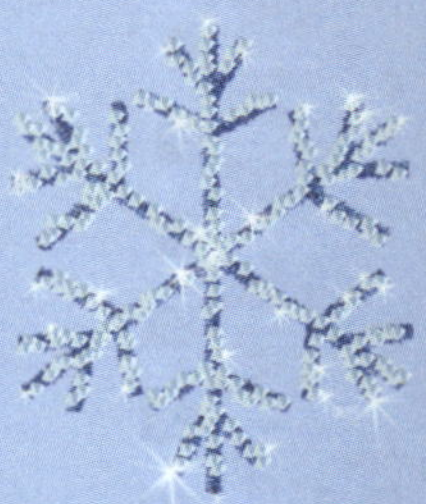

7. Agrega 4 tazas de agua a un tazón que se pueda usar en microondas. Pide ayuda a un adulto para calendar el agua en el microondas hasta que esté caliente; evita que llegue a hervir.
8. Agrega 2/3 de taza del potenciador de jabón al agua caliente y revuelve hasta que disuelva. Lentamente, vierte la mezcla sobre tu copo de nieve hasta que quede cubierto (si fuera necesario, haz más solución con potenciador).
9. Déjalo reposar 1 a 2 días. ¡No lo muevas ni lo toques! El potenciador cubrirá tu copo de nieve en cristales.
10. Usa la cuchara para levantar con cuidado el copo y colocarlo sobre el plato para que se seque. Con cuidado, corta el hilo de pescar. Cuando esté completamente seco, usa otro pedazo de hilo de pescar para hacer el cordón del que cuelgue.
11. Cuelga tu copo de nieve en tu ventana, ponlo en el refrigerador, o ¡compártelo con un amigo!

GRANDE, MÁS GRANDE... MUCHO MÁS GRANDE

Para conocer más acerca de la estrella supergigante roja Betelgeuse, revisa el devocional 34 de Indescriptible.

Si quieres dar un vistazo a cuán grande y poderoso es Dios, detente a ver la estrella supergigante roja Betelgeuse (en inglés suena a «jugo de escarabajo»). Betelgeuse está a unos 640 años luz de distancia, pero es tan grande que puedes verla sin un telescopio. De hecho, es tan enorme que 262 billones de planetas Tierra podrían entrar en ella.

Imagina que eres un astrónomo que estudia las estrellas y que acabas de descubrir la estrella más grande que cualquiera haya descubierto. Usa tu creatividad para anotar todos los datos en la página de informe siguiente.

INFORME DEL DESCUBRIMIENTO DE UNA ESTRELLA

Fecha del descubrimiento: ____________________

Nombre del astrónomo: ____________________

¿Qué telescopio usaste para encontrar la estrella?

____

¿Qué nombre recibirá la estrella?

____

¿A cuántos años luz está de la Tierra?

____

¿En qué galaxia está?

____

¿Qué tan grande es?

____

¿Cuántos planetas Tierra podrían entrar en la estrella?

____

¿QUIÉN HA ESTADO AQUÍ?

¡Los animales están en todos lados! ¿Cómo puedes saber qué animales comparten el mundo cerca de ti? Lo puedes saber por las huellas o rastros que dejan detrás. Son más fáciles de ver en el lodo, la tierra suave, la arena y la nieve.

Lee las descripciones y luego une con una línea a cada animal con sus huellas.

Las huellas de las **ardillas** son de dos patas delanteras con cuatro dedos, mientras que las patas traseras tienen cinco dedos. Sin embargo, cuando corren sus patas traseras aterrizan antes que las delanteras.

Las huellas del **elefante** son redondas y enormes. Son de unos 58 cm de largo. No es muy probable que vayas a ver estas huellas en tu vecindario.

Las **aves** tienen huellas que suelen ser delgadas, con tres dedos que apuntan hacia el frente y uno que apunta hacia atrás.

Los animales en la familia de los **perros** tienen cuatro dedos tanto en las patas delanteras como las traseras. Los pequeños triángulos sobre los dedos son los que sujetan sus garras.

Las pequeñas líneas onduladas y curvas son las que dejan los **gusanos de tierra**.

Loa animales en la familia de los **felinos** dejan huellas con cuatro dedos en las patas de enfrente y en las de atrás. No muestran sus garras en sus huellas porque están plegadas adentro de sus patas.

Las huellas con dos pezuñas al frente posiblemente pertenecen a un animal de la familia del **venado**.

Las huellas del **mapache** tienen cinco dedos al frente y atrás, parecen huellas de manos pequeñas.

Jesús nos pidió ser bondadosos, ayudarnos y amar a todos. ¿Por qué? Porque cuando hacemos estas cosas, dejamos «huellas» que otros van a seguir y que dirigen hacia Jesús (Juan 13:35).

HORMIGAS SORPRENDENTES

En la creación de Dios, todo tiene un propósito, incluso las hormigas. La hormiga reina es la que pone los huevos. Las hormigas macho cuidan de la reina y aunque las hormigas obreras son las más pequeñas, son las que hacen todo el trabajo, como cuidar a las hormigas bebés, sacar la basura, buscar comida y proteger el nido.

Traza las líneas para ver qué hormiga obrera es la que va de regreso al nido.

UNA GALAXIA DE ESTRELLAS

Para conocer más acerca de la galaxia de la Vía Láctea, revisa el devocional 12 de Indescriptible.

La Vía Láctea está llena de miles de millones de estrellas, tal vez tenga unos cuatrocientos millardos, o ¡tal vez más! Los científicos no saben con exactitud cuántas hay, pero Dios sí lo sabe. ¡Él lo sabe todo! (Salmos 147:5).

Colorea esta imagen de Clarke como astronauta que explora una diminuta área de la Vía Láctea.

EN BUSCA DE CENOTES

Un *cenote* es un sumidero que se forma cuando el cielo de una cueva subterránea se desploma y este agujero se llena de agua. La península de Yucatán en México tiene miles de cenotes. Los arqueólogos que exploran estos estanques han encontrado fósiles de mamuts, perezosos y camellos. ¿Qué podrían encontrar Adelynn y Raz?

Busca en la sopa de letras las palabras que se relacionan con los cenotes en la península de Yucatán:

AGUA
BUCEAR
CENOTE
CUEVA
ESTALACTITA
ESTALAGMITA
FÓSIL
MAMUT
SUBTERRÁNEO

Q	E	R	T	N	I	R	D	L	A	T	R	A	B	P
H	J	K	A	T	E	P	I	F	I	T	V	S	L	O
X	C	C	S	R	R	E	R	A	E	E	P	A	C	E
E	M	R	A	E	C	U	B	Y	U	E	J	E	L	N
T	P	M	R	B	V	C	S	C	A	R	P	S	O	Á
R	F	G	I	A	V	E	D	A	D	R	O	T	H	R
E	S	T	A	L	A	G	M	I	T	A	K	A	H	R
L	P	L	I	I	Y	U	T	R	D	E	W	L	Q	E
M	L	A	C	E	T	O	N	E	C	U	Q	A	O	T
S	E	F	T	E	G	B	A	R	S	S	T	C	O	B
Z	Y	Ó	V	X	S	A	U	E	I	L	A	T	K	U
Q	Y	S	N	N	U	M	A	M	U	T	T	I	S	S
L	T	I	E	G	M	A	Z	N	R	L	E	T	A	P
H	I	L	A	E	Y	T	B	G	T	I	S	A	O	S
C	R	I	T	T	S	E	I	B	O	R	A	J	E	E

Cuando buscas a Dios, Él promete que siempre lo encontrarás. Esa promesa la puedes encontrar en Jeremías 29:13.

¡EN LA MIRA!

Dios se aseguró de que los animales en el desierto pudieran encontrar agua, a veces de forma inusual. Es el caso del pecarí, que es un animal que se parece al cerdo. Dios le dio una boca sumamente resistente y un estómago que puede digerir los cactus abundantes en agua, ¡con espinas y todo!

Muchas de las criaturas del desierto están ocultas en la imagen a continuación. ¡Mira con atención! ¿Puedes encontrarlas a todas?

BÚHO · CAMELLO · ESCORPIÓN · LAGARTIJA · MURCIÉLAGO · PECARÍ · RANA · SERPIENTE · TORTUGA · ZORRO

¡ESO SÍ ES CALOR!

La lava es roca derretida que llega a calentarse hasta los 2.200 grados Fahrenheit (1204 °C). Cuando está bajo la superficie, esa roca derretida se llama *magma*, pero cuando la arroja un volcán o se acerca sigilosamente a través de las grietas de la superficie de la tierra, recibe el nombre de *lava*. ¡Apúrate, Evyn!

Mira qué tan alta está la temperatura de tu conocimiento. Escribe V junto a las oraciones verdaderas y F junto a las falsas.

_____ 1. Las islas de Hawái están formadas por lava submarina que se va apilando una capa sobre otra, aumentando cada vez más de altura.

_____ 2. La lava viene del suelo derretido.

_____ 3. Las rocas derretidas que se acercan a través de las grietas en la superficie de la tierra reciben el nombre de *magma*.

_____ 4. La lava puede desplazarse a unos 56 km por hora.

Cuando te enojes, no dejes que tus palabras sean como lava que arroja un volcán, detente y pídele a Dios que controle tus palabras (Salmos 141:3).

¡VOLCÁN!

Los volcanes son aberturas en la corteza de la tierra que terminan en acumulaciones de *magma*, que es roca derretida a altísimas temperaturas. Ayuda a Adelynn a identificar las partes del volcán y descubre información de cada una de ellas.

Una **nube de ceniza** se forma cuando el magma subterráneo calienta el agua y esta cambia a vapor. Ya que el vapor se acelera a buscar su salida al aire, pasa llevando en su salida pedazos pequeños de rocas, minerales y vidrio volcánico, lo que forma la nube sobre el volcán.

El **cráter** es la boca del volcán.

La **lava** es la roca derretida que sale del volcán.

El **cono secundario** es una abertura en el lateral del volcán por donde escapan lava y gases.

La **cámara magmática** es una gran acumulación de roca derretida, que está profunda debajo de la corteza de la tierra.

Las **capas de lava y ceniza** se enfrían y reposan, lo que forma capas de roca. Esas capas pueden formar montañas e incluso islas.

¡LLEGA A LAS ESTRELLAS!

Para conocer más acerca de las estrellas, revisa el devocional 31 de Indescriptible.

Las estrellas no viven para siempre. Las pequeñas estrellas solo se desvanecen, pero en el caso de la grandes, mueren en una explosión enorme de color y luz llamada *supernova*. Para conocer más de estas estrellas, ayuda a Evynn a llenar los espacios según las pistas del crucigrama.

HORIZONTAL

3. En ocasiones, una supernova deja detrás un agujero ___ (el contrario de uno blanco).
4. Los sabios que querían encontrar a Jesús, siguieron a una.
8. ___ creó las estrellas.
9. En alta mar, los ___ se ayudan con las estrellas para navegar en sus embarcaciones.
10. La Tierra orbita alrededor de esta estrella.
11. Las estrellas en realidad son bolas gigantes de ___.
12. La ___ une las estrellas (también es la que atrae tus pies al suelo).

VERTICAL

1. Las estrellas están muy lejos en el ___ exterior.
2. Algunas personas piden un ___ a la primera estrella que miran en la noche.
5. Una ___ es la mayor explosión que los humanos hayan visto.
6. Las estrellas pueden vivir miles de millones de ___.
7. Existe una canción que dice «estrellita, quiero verte ___», pero en realidad, las estrellas no pueden.

Las estrellas tal vez no vivan para siempre, pero tú sí puedes vivir para siempre con Jesús cuando escoges amarlo y seguirlo (Juan 3:16).

UNA BUENA FORMA DE IR BAJO EL MAR

Para conocer más acerca de los peces del océano, revisa el devocional 5 de Indescriptible.

En lo profundo del océano, los científicos descubren las criaturas más extrañas, como el pez luna gigante de 2.300 kilogramos, ¡pesa más de lo que pesa un vehículo utilitario! También está el pez con colmillos largos, cuyos dientes afilados son tan largos, ¡que no puede cerrar la boca!

Raz fue a explorar en las profundidades del océano, pero ¡su fotografía se cortó en pedazos! ¿Puedes volver a ponerla en orden? Escribe la letra de cada pieza en el orden correcto en los espacios en blanco. ¿Qué palabra deletrean estas letras? (Una pista: si no puedes identificarla, corta las piezas y luego ármalas como un rompecabezas en el orden correcto. ¡Solo asegúrate de completar primero la actividad de la página del otro lado!).

D E S __ __ __ __ __ __

UNA ADVERTENCIA COLORIDA

Dios creó las alas de la mariposa con un plan y un propósito. Los colores oscuros absorben la luz solar y ayudan a que la mariposa, que es de sangre fría, pueda entrar en calor para volar. Los patrones de colores brillantes son una advertencia para que los depredadores se alejen, es como decirles: «¡No me comas! Mi sabor es *horrible*».

Conecta los puntos para ver quién está ondeando entre las flores, luego colorea con tus crayones brillantes y crea tus patrones.

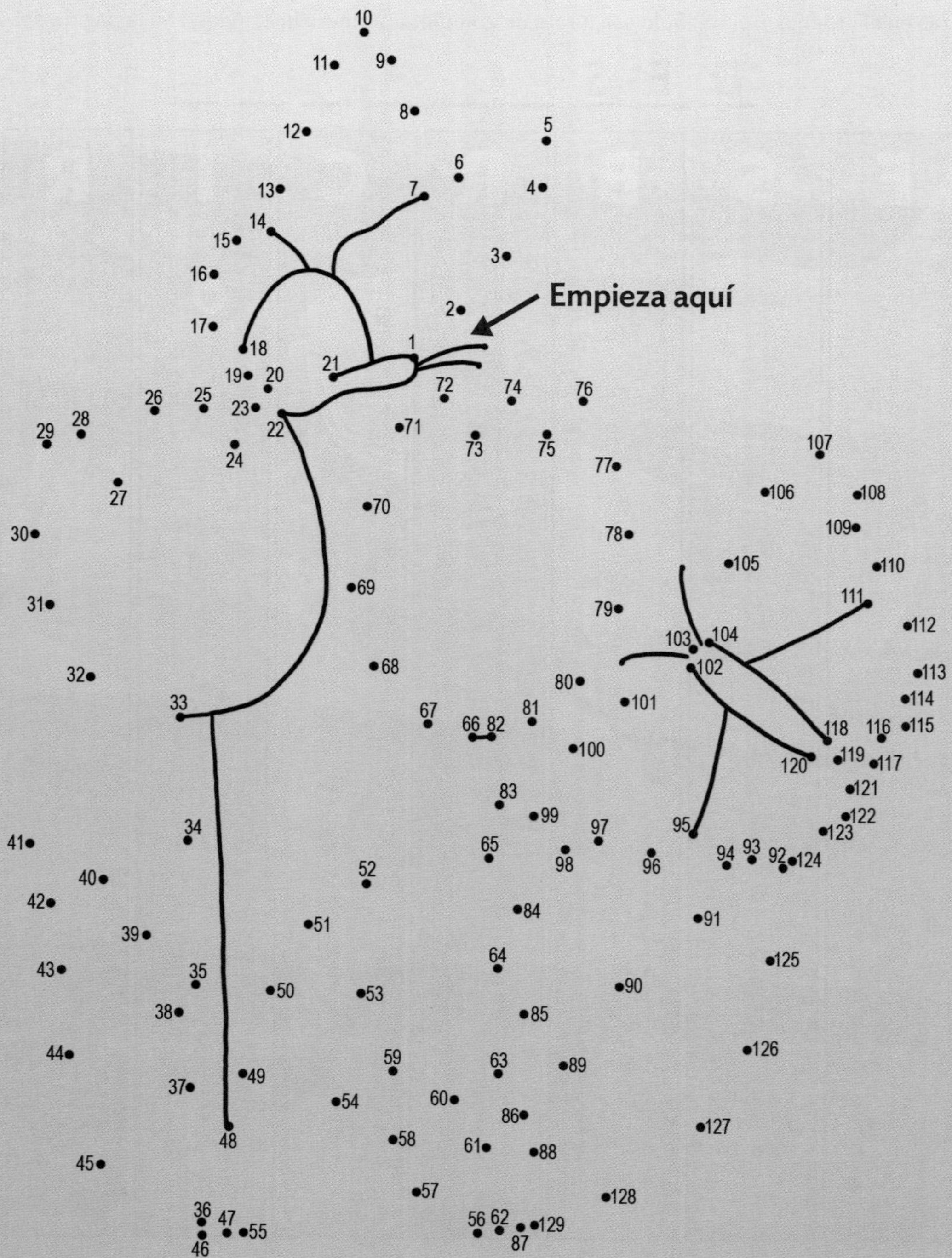

EXPERIMENTO DEL AGUA CAMINANTE

Las plantas absorben el agua y otros nutrientes mediante sus raíces en un proceso llamado *acción capilar*. Es cuando un líquido mueve algo sólido hacia arriba, como si se tratara de un tubo (o el tallo de una planta).

Trata de hacer este experimento para ver cómo el agua «camina» desde un vaso al siguiente mediante la acción capilar.

¿Qué necesitas?

- 7 vasos transparentes
- papel y bolígrafo
- agua
- colorante comestible rojo, amarillo y azul
- cuchara
- toallas de papel

Instrucciones

1. Pide a un adulto que te ayude a buscar siete vasos y colócalos en fila. Usa el papel y bolígrafo para hacer etiquetas y enumera cada vaso del 1 al 7.
2. Llena los vasos 1, 3, 5 y 7 con agua.
3. Agrega unas cuantas gotas de colorante comestible rojo a los vasos 1 y 7. Agrega amarillo al vaso 3. Agrega azul al vaso 5 (los vasos 2, 4 y 6 permanecerán vacíos).
4. Revuelve el agua con una cuchara para mezclar el colorante (limpia la cuchara cada vez que cambies de color). Agrega más gotas de colorante si quieres que el agua se vea más oscura.
5. Dobla una toalla de papel a la mitad por lo largo, otra vez y otra vez. Sigue doblando hasta que la toalla de papel sea un tubo de 5 a 7 centímetros de ancho. Luego, dobla el tubo a la mitad en forma de V. Repite este paso con más toallas de papel hasta tener seis V.
6. Coloca el borde de una toalla de papel en V en el vaso 1 y el otro borde en el vaso 2. Poner el borde de otra toalla de papel en V en el vaso 2 y el otro extremo en el vaso 3. Repite hasta que todos los vasos queden conectados.
7. Mira lo que ocurre a medida que pasa el tiempo (20 minutos, 1 hora, 3 horas y al día siguiente). Anota los resultados en el cuadro de abajo.

	20 minutos	1 hora	3 horas	Día siguiente
¿Qué pasó con las toallas de papel?				
¿Cuánta agua se movió a los vasos «vacíos»?				
¿De qué color es el agua de los vasos «vacíos»?				

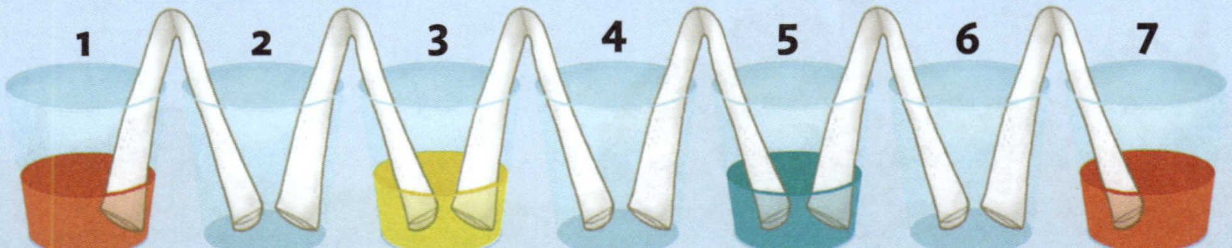

¿REGRESARON?

Para conocer más acerca de los dinosaurios en la Biblia, revisa el devocional 3 de Indescriptible.

En la Biblia, el libro de Job habla acerca de todos los tipos de animales, desde las águilas, los leones, hasta los dinosaurios. Así es, ¡dinosaurios! Puedes leer acerca de Behemot en Job 40:15-24. ¡Sorprendente! Ya no vemos a los dinosaurios rugir por aquí, pero ¿qué pasaría si los viéramos?

Haz equipo con un amigo o dos para llenar los espacios en blanco de forma divertida. ¡Todavía no leas la historia! Primero, llena en cada espacio el tipo de palabra que se pide. Después, agrega las palabras a la historia siguiendo los números que corresponden a los espacios en blanco. Por último, regresa y lee la historia completa para conocer qué pasa cuando un dinosaurio llega a cenar.

1. El nombre de un amigo: ____________
2. Un animal (plural): ____________
3. Un adjetivo: ____________
4. Una parte del cuerpo (plural): ____________
5. Un adjetivo: ____________
6. Una especie de dinosaurio: ____________
7. Una parte del cuerpo: ____________
8. Un verbo en pasado: ____________
9. Un verbo en pasado: ____________
10. Un sonido divertido: ____________
11. Un verbo en pasado: ____________
12. Una parte del cuerpo: ____________
13. Un juego: ____________
14. Un verbo de movimiento en pasado: ____________
15. Un nombre chistoso de una mascota: ____________
16. Un objeto del patio de juegos: ____________
17. Un verbo en pasado: ____________
18. Comida (plural): ____________
19. Una bebida: ____________
20. Un verbo de sonidos en pasado: ____________
21. Un animal del zoológico: ____________
22. Un electrodoméstico: ____________

Mi amigo ________________ 1 y yo estábamos jugando con un balón en el parque cuando de repente...

¡BUM! ¡CRASH! ¡Sonaba como si fueran ________________ 2 ________________ 3! El león temblaba debajo de nuestros/as ________________ 4. Entonces, de los árboles, ¡salió un dinosaurio ________________ 5 que venía corriendo hacia nosotros! ¡Era un ________________ 6 real, vivo! ¡Estaba tan asustada/o que mi ________________ 7 ________________ 8 y ________________ 1 ________________ 9!

Ese ________________ 6 le lanzó un chillido a una señal de alto que estaba enfrente de nosotros. Arrebató nuestro balón y ________________ 10. Incluso ________________ 11 su cola. Antes de que pudiera correr para alejarme, botó el balón justo enfrente de mi ________________ 12. ¿Será que quería jugar ________________ 13? Levanté el balón con lentitud y la lancé. ¡El dinosaurio ________________ 14 detrás! Decidimos nombrarlo ________________ 15.

Después de algunas rondas de estar lanzando, todos nos dirigimos al patio de juegos. Primero, ________________ 15 saltó sobre el/la ________________ 16. Luego, subimos a su lomo y ________________ 17.

Cuando llegó la hora de irnos a casa, ________________ 1 y yo dijimos adiós. Sin embargo, ________________ 15 ¡me siguió a la casa!

La abuela estaba muy sorprendida cuando ________________ 6 se sentó a cenar. Se engulló todos/as los/as ________________ 18 y bebió una botella completa de ________________ 19. Luego, ¡________________ 20 tan fuerte que mi ________________ 21 se escondió debajo de la cama!

Cuando ________________ 15 terminó de comer hasta la última mordida y empezaba a masticar sobre el/la ________________ 22, la abuela dijo que era hora de dormir, pero el ________________ 6 tenía que dormir en el patio de atrás. Ese enorme y fuerte dinosaurio empezó a temblar y a llorar. ¡Le temía a la oscuridad! Entonces, le presenté mi ________________ 21 para que lo ayudara. Pero cuando ________________ 15 se acurrucó con él/ella y bostezó tan fuerte, ¡mi ________________ 21 pareció un poco preocupado/a!

¡PONTE A CONTAR!

Para conocer más acerca de lo que no podemos contar, revisa el devocional 50 de Indescriptible.

Algunas cosas no pueden contarse y ¡es porque hay demasiada cantidad de ellas! Un ejemplo de ello es la arena del mar. Los investigadores calculan que las playas de la tierra tienen unos 7,5 quintillones de granos de arena. ¡La Biblia nos cuenta que los pensamientos de Dios sobrepasan la cantidad de la arena del mar! (Salmos 139:17-18)

Evalúa tu memoria y destreza para contar. Toma un temporizador y prográmalo para 60 segundos. Después, mira con atención esta imagen que muestra muchos objetos. Cuando el temporizador suene, cubre la imagen con una página de papel. Ahora mira cuántas preguntas puedes responder en la siguiente página.

1. ¿Cuántas estrellas aparecen en la bandera azul?

____

2. ¿De qué color es la toalla de playa de Norah?

____

3. ¿Cuántos cangrejos van desplazándose en la arena?

____

4. ¿Cuántos cubos hay en la imagen?

____

5. Menciona tres colores de palas.

____

6. ¿Cuántas aves hay en la arena?

____

7. ¿Cuántas aves vuelan en el aire?

____

8. ¿Qué está sujetando Evyn?

____

9. ¿Cuántas conchas viste?

____

10. ¿Qué se está aplicando Norah?

____

¡NO QUIERO!

¡No quiero ser el árbol! ¡La corona está muy ajustada! Los científicos dicen que nos quejamos cada 60 segundos aproximadamente. Cuando nos quejamos, ¡las neuronas de nuestro cerebro crean atajos para que las quejas sean mucho más fáciles! ¡Qué mal! Lo bueno es que el cerebro también crea atajos para la adoración. Así que entre más alabamos a Dios, ¡más fácil es!

Mira estas dos imágenes de Adelynn y Norah en la obra. Hay seis diferencias. ¿Puedes encontrarlas todas?

SUENA COMO SI FUERA...

Para conocer más acerca de los oídos, revisa el devocional 17 de Indescriptible.

Los oídos funcionan capturando las ondas sonoras en el *pabellón auditivo*, o bien, oído externo. Esas ondas se canalizan al oído medio en donde se convierten en vibraciones que viajan por el tímpano, la *cóclea* del oído interno y llegan al cerebro, órgano que nos dice qué estamos escuchando.

En las películas hay unos artistas que reciben el nombre de artistas *Foley*. Ellos son los técnicos de sonido y usan objetos cotidianos para hacer sonidos de lo que sucede en pantalla (*efectos de sonido*). Por ejemplo, los artistas Foley toman dos guantes de piel, los golpean para obtener el sonido de murciélagos que abaten sus alas. También podrían tomar una pieza de pasta cruda para lasaña para simular que se rompe una rama pequeña. Conviértete en un artista Foley y trata de usar objetos cotidianos para recrear los siguientes sonidos.

1. **Una puerta que rechina**
2. **Un dinosaurio que corre**
3. **Un caballo que trota**
4. **Un ave que agita sus alas**
5. **Un goteo de agua**
6. **Lluvia**
7. **Olas**
8. **Pasos en la nieve**
9. **Pasos sobre hojas**
10. **Viento que sopla entre los árboles**
11. **Trueno**
12. **El rugido de un león**

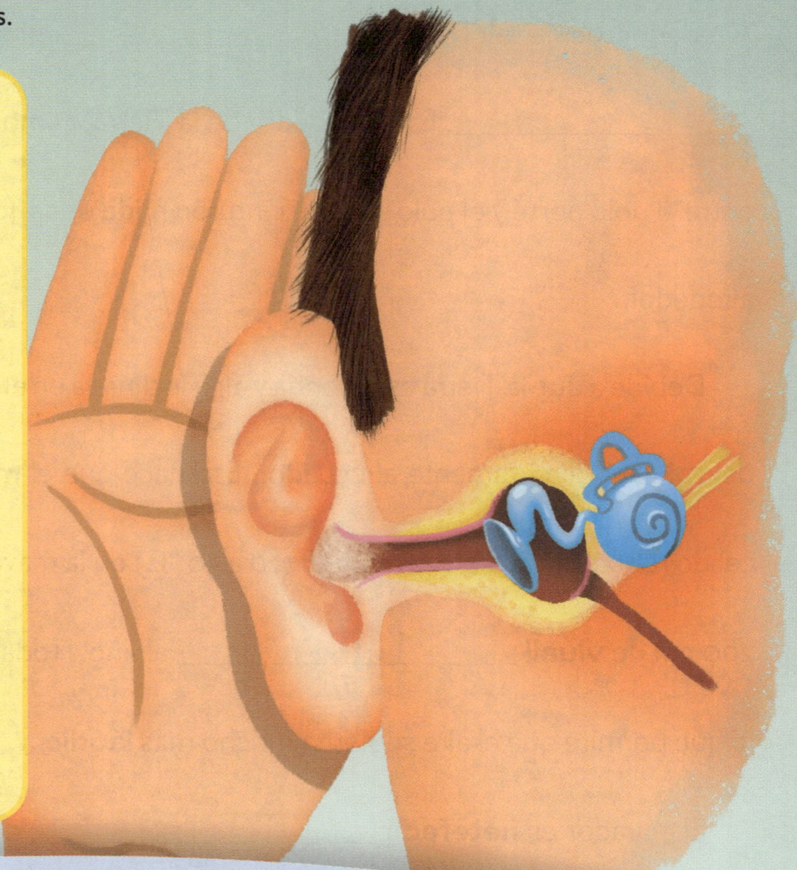

¿A QUIÉN ESTÁS ESCUCHANDO?

Pon atención a estos versículos y llena los espacios en blanco para aprender más acerca de escuchar a Dios y su palabra.

1. Haz lo que dicen las enseñanzas de Dios, no solo ______________ y hagan nada. Santiago 1:22, NVI
2. Así que la ______________ viene de oír las buenas nuevas. Y la gente escucha las buenas nuevas cuando alguien les habla de ______________. Romanos 10:17, NVI
3. Siempre debemos estar dispuestos a escuchar y ______________ para hablar. No debemos ______________ fácilmente. Santiago 1:19, NVI

¡HAY MUCHO CALOR POR AQUÍ!

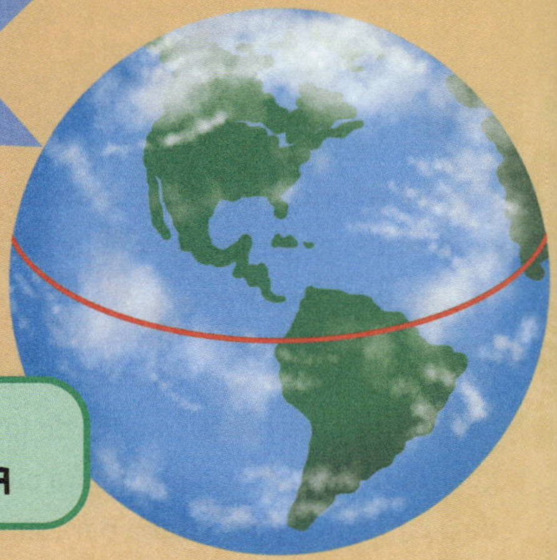

¿Sabías que existe una línea imaginaria alrededor de la Tierra? Ordena las letras de las palabras y escríbelas en el espacio en blanco para conocer más de esa línea. Para que sea más desafiante, cubre las letras del recuadro con una hoja.

CÁLIDO	CLIMA	ECUADOR	KILÓMETROS	RAYOS
CINTURÓN	DIFERENTE	HUMEDAD	LLUVIA	TIERRA

Alrededor de la **airTre** ____________________ (1) existe una línea imaginaria llamada **rudeaco** ____________________ (2). Está alrededor de la Tierra, como si fuera un **riuónctn** ____________________ (3) entre el polo norte y el polo sur. Ese cinturón mide unos 40.000 **leimrtokos** ____________________ (4) alrededor.

Debido a que la Tierra es redonda y algo inclinada en el espacio, los **sryao** ____________________ (5) del sol caen directamente al ecuador. Eso hace que el **mlcai** ____________________ (6) se mantenga cálido todo el año, entre 68 a 86 °F (20 a 30 °C) en la mayoría de los lugares. El ecuador también recibe 200 cm de **vluali** ____________________ (7) al año. ¡Toda esa **dhmaedu** ____________________ (8) es lo que permite que el aire se sienta mucho más **láodic** ____________________ (9)!

El ecuador es **netefedir** ____________________ (10) del resto de la tierra porque pasa mucho más tiempo bajo el sol. Y cuando pasas más tiempo con Jesús, el Hijo, ¡serás diferente del resto del mundo también, serás más como Él! (2 Corintios 3:18).

¡CHISTES!

¿Cómo le dices a un perro que vive en la línea del ecuador? *Un perro caliente.*

¿Cómo le dices a un hombre de nieve en el ecuador? *Un charco de agua.*

¿Qué es más rápido: el calor o un resfriado? *El calor, porque al resfriado lo tienes que pillar.*

¡MISIÓN CUMPLIDA!

En 1961, el presidente John F. Kennedy dio una declaración en la que contaba que los Estados Unidos trabajaba en la misión de llevar a un hombre a la Luna. Hubo muchos problemas y desafíos, pero el 20 de julio de 1969, los astronautas Neil Armstrong y Buzz Aldrin, caminaron sobre la Luna. ¡Misión cumplida!

Dios también tiene una misión para ti. Quiere que lo ames a Él y a los demás (Mateo 22:37-40). Habrá muchos problemas y desafíos. Confía en Él para buscar de su ayuda y un día lo escucharás diciendo: «¡Misión cumplida!» (Mateo 25:21).

Haz el intento con estas pequeñas misiones: ¿cuántas puedes cumplir?

1. Apaga todas tus «pantallas» por un día y pasa tiempo con Dios en su lugar.
2. Pídele a Dios que te muestre quién necesita una sonrisa y una palabra amable este día.
3. Con la ayuda de un adulto, hornea galletas para los bomberos. Entrégales tarjetas que digan: «¡Oro por ustedes!».
4. Prepara un «kit de cuidado personal» con objetos como: agua, calcetas y jabón para alguien que lo necesite. Pide a tus padres que te ayuden a encontrar a alguien a quien dárselo.
5. Llama a tus abuelos solo para conversar con ellos.
6. Abraza a tus padres solo porque los amas.
7. Todas las noches de esta semana, agradece a Dios al menos por cinco cosas.
8. Antes de levantarte en la mañana, incluso antes de salir de la cama, dile a Dios cuán maravilloso es Él.
9. Si un amigo tiene un día difícil, ora por él.
10. Cuando otros hablen, escucha con atención.
11. Observa los talentos de otras personas y felicítalos por lo buenos que son ello.
12. Si alguien se siente excluido, invítalo a unirse a tu grupo.

REMOLINOS ARREMOLINADOS

Los remolinos son embudos giratorios de agua, como el pequeño que Adelynn observa. Algunos son más grandes y giran tan rápido que pueden atraer objetos y empujarlos al fondo. La forma más popular se llama *maelstrom* que incluso puede llegar a hundir pequeñas embarcaciones.

Usa un lápiz para navegar y encontrar el camino en las aguas agitadas hacia el fondo del remolino.

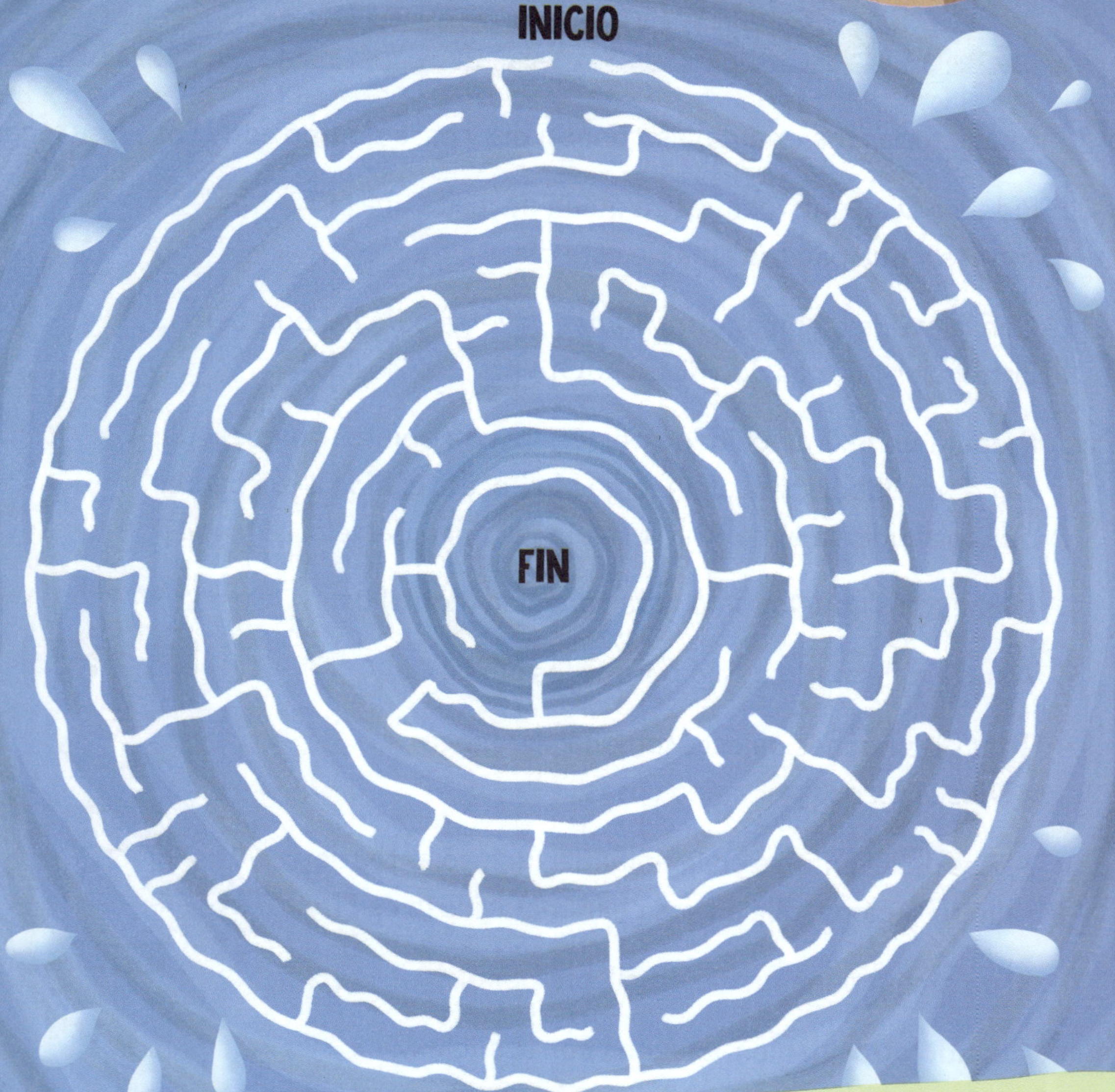

En ocasiones, la vida se siente como un remolino, tiene problemas y dificultades que giran alrededor. En esos momentos llama a Jesús. ¡Él puede calmar el viento, las olas y los remolinos de cualquier problema! (Marcos 4:35-41).

DIRECTO AL ESPACIO

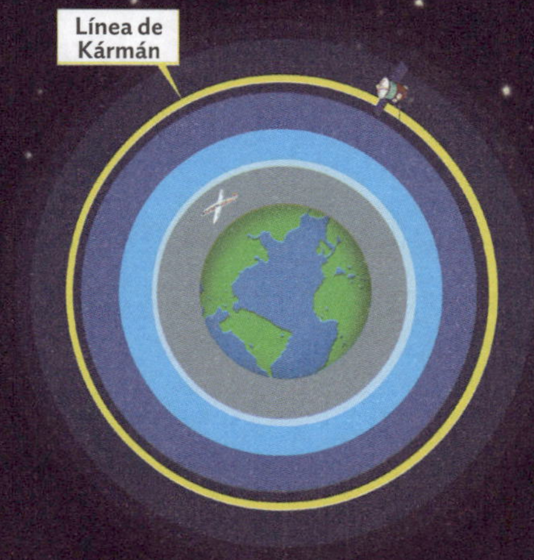

La línea de Kármán es una línea invisible que marca el final de la atmósfera terrestre y el comienzo del espacio. Solo está a una distancia de 80 km sobre la superficie de la tierra. Eso significa que, si pudieras conducir directamente hacia arriba, ¡estarías en el espacio en menos de una hora!

Une una imagen y una palabra para hacer un término espacial. ¿Puedes encontrar los nueve?

1. Vía Láctea
2. __________
3. __________
4. __________
5. __________
6. __________
7. __________
8. __________
9. __________

En ocasiones puede que sientas que Dios está tan lejos como el especio, en especial cuando te sientes lastimado o molesto. Sin embargo, no es así. Dios está contigo a cada segundo (Mateo 28:20).

¡DÉJALO SALIR!

Es el día del gran juego. Tu corazón late a mil por hora, te sudan las manos y te sientes con un poco de malestar, pero sabes que no estás enfermo. ¡Estás estresado! El estrés es lo que le sucede a tu cuerpo cuando te sientes preocupado, nervioso, con temor o enojo.

Para calmarte, necesitas dejar salir ese estrés de tu cuerpo. Habla con Dios y respira lenta y profundamente. También puedes escribir en un diario, pues al escribir todo en una hoja de papel puedes averiguar qué es lo que necesitas hacer.

Usa estos apuntes para escribir sobre todo aquello que te ha estado estresando.

Hoy, he estado pensando que...

____

____

Siento que...

____

____

Algo que puedo hacer para que esta situación mejore es...

____

____

Alguien con quien puedo hablar de esto es...

____

____

Estoy agradecido por...

____

____

Dios prometió que nunca me dejaría (Josué 1:9) y que siempre estaría conmigo (Salmos 46:1). Eso me hace sentir...

____

____

Escribe una oración pidiéndole a Dios que te dé calma y te ayude a atravesar este momento.

____

____

____

PEQUEÑO DESAFÍO

Cuando el estrés te dificulte respirar, trata de relajarte y mirar a tu alrededor. Luego, menciona cinco cosas que puedes ver, cuatro cosas que puedes tocar, tres cosas que puedes escuchar, dos cosas que puedes oler y una cosa que puedes probar. ¡Esto te ayudará a relajarte!

¡PERO QUÉ CARA!

Esa sierra que se ve en la cabeza del pez sierra se llama *rostra*. Dios la llenó con miles de sensores para ayudar al pez sierra a rastrear a su presa. A la hora de comer la usa como una espada y con un *zum-zum*, listo, ¡el almuerzo está servido!

Usa tus crayones para colorear esta imagen del pez sierra en el mar.

¡IMPOSIBLE DE SEPARAR!

Cada hilo de una telaraña contiene miles de pequeñas hebras llamadas nanofibras. Todas esas nanofibras juntas hacen que las telarañas sean sumamente resistentes, ¡incluso cinco veces más resistentes que el acero!

Ayuda a la araña en el laberinto de su telaraña para llegar al otro lado.

Cuando el pueblo de Dios permanece junto, está en *unidad*. Sin unidad, podemos quedarnos atrapados en un laberinto de disputas. Pero cuando nos amamos y cuidamos el uno del otro, mantenemos una relación sumamente resistente (Efesios 4:1-3).

¡LUCES BRILLANTES!

La *quimioluminiscencia* es una reacción entre químicos y es el proceso que hace que las barritas luminosas brillen. Los delgados tubos de vidrio que llevan adentro mantienen los químicos separados hasta que las doblas. Cuando se quiebran estos tubos, los químicos se mezclan y se crea esa luminosidad.

¿Pero las barritas luminosas siempre brillan con la misma intensidad? ¿Es posible que el agua o la temperatura afecten cuán brillante son? ¿Cuánto tiempo brillan? Haz este experimento y averígualo.

¿Qué necesitas?

- 3 vasos transparentes
- agua
- hielo
- 4 barritas luminosas
- reloj

Cuando nuestros temperamentos se caldean, es difícil que «brillemos» con la luz y el amor de Jesús; sin embargo, eso es lo que Él quiere que hagamos, que brillemos (Efesios 4:26, Efesios 5:8). ¡Pídele su ayuda y Él te la dará!

Instrucciones

1. Llena un vaso con hielo y agua. Llena otro con agua tibia. Con la ayuda de un adulto, llena el tercer vaso con agua caliente (no hirviendo).
2. Rompe y agita las barritas luminosas.
3. Deja caer una barrita luminosa en cada vaso. Deja la cuarta sobre la mesa, enfrente de los vasos.
4. Observa lo que sucede. ¿Alguna brilla más que las demás, tarda más? Anota los resultados en el cuadro.

	¿Cuál brilla más?	¿Cuánto tarda el brillo?
Agua caliente		
Agua tibia		
Agua fría		
Sin agua		

¡TORNADO!

Para conocer más acerca de los tornados, revisa el devocional 61 de Indescriptible.

¡Los tornados son terribles! Son embudos de aire que giran a gran velocidad que vienen desde las nubes hasta tocar el piso. ¡Las velocidades del viento en los tornados pueden variar desde 65 a 480 km por hora!

Haz tu propio tornado en una botella

¿Qué necesitas?

- botella transparente de plástico
- agua
- jabón líquido para trastos
- brillantina

Instrucciones

1. Llena ¾ de la botella con agua.
2. Agrega unas gotas de jabón líquido.
3. Agrega una o dos pizcas de brillantina.
4. Coloca bien la tapa y asegúrate de que no gotee.
5. Voltea la botella y sujétala por el «cuello». Gira la botella en círculo por unos segundos. Detente y observa el agua. ¿Ves que se forma un pequeño tornado en la brillantina?

Dios es mucho más fuerte que el viento más poderoso. Después de todo, ¡Dios lo creó! (Amós 4:13).

¿VIDA EN EL DESIERTO?

El desierto del Sahara es uno de los desiertos más grandes del mundo. Las temperaturas pueden ser casi congelantes en la noche y llegar hasta más de 117 °F (46 °C) durante el día. ¡Aun así, Dios llenó el Sahara con más de 500 especies diferentes de plantas y animales!

Esta imagen de la vida en el desierto tiene algunas piezas faltantes. Completa la imagen al escribir la letra de la pieza correcta en cada espacio.

A B C D E F

NO HAY NINGÚN ROBOT COMO TÚ

¡Los robots de hoy hacen cosas increíbles! Como el robot Ameca, puede levantar las cejas, sonreír e incluso rascarse la nariz, pero no puede caminar. Sin importar cuán sorprendentes se hayan vuelto los robots, ¡nunca harán todas las cosas que Dios permitió que hicieras, porque tú eres su creación!

Sigue estos pasos para aprender cómo dibujar un robot.

¿Qué cosas puedes hacer como creación de Dios? Lee Miqueas 6:8 para conocer parte del propósito de Dios para ti.

EN ESTA PÁGINA DIBUJA UN GRAN ROBOT.

TRANSITEMOS EN LA AUTOPISTA DE LA INFORMACIÓN

Internet es una red de computadoras, todas vinculadas entre sí mediante una especie de «carretera» digital, razón por la cual a veces se le llama la «autopista de la información». Puedes tener acceso a internet casi en cualquier lugar del mundo, ¡incluso en la cima del monte Everest!

Cada palabra en esta lista está relacionada con internet. ¿Puedes encontrarlas todas?

Q	E	R	T	N	I	R	T	E	N	R	E	T	N	I
H	J	K	A	T	E	P	I	F	I	T	V	S	L	N
R	E	D	E	S	S	O	C	I	A	L	E	S	C	F
E	M	B	U	S	C	A	D	O	R	E	J	E	L	O
T	P	A	R	B	S	C	E	C	A	R	P	S	O	R
R	F	R	I	A	I	E	S	A	D	R	O	N	H	M
S	S	O	A	L	T	G	C	I	T	A	K	A	H	A
O	P	D	I	G	I	T	A	L	D	E	W	V	Q	C
E	L	A	C	E	O	O	R	E	C	W	Q	E	O	I
D	E	T	T	E	W	B	G	R	W	S	T	G	O	O
I	Y	U	V	X	E	A	A	E	I	L	A	A	E	N
V	Y	P	N	N	B	M	H	A	C	K	E	R	S	S
L	T	M	E	G	M	A	Z	N	R	L	R	T	A	P
H	I	O	N	L	I	N	E	G	T	O	S	A	O	S
C	R	C	T	T	S	E	I	B	C	R	A	J	E	E

BUSCADOR
COMPUTADORA
CORREO
DESCARGA
DIGITAL
HACKER
INFORMACIÓN
INTERNET
NAVEGAR
ONLINE
REDES SOCIALES
SITIO WEB
VIDEOS
WWW

Como cualquier otro viaje en carretera, es bueno tener una guía cuando navegas en internet, o podrías terminar en algún lugar en donde no quisieras estar. Filipenses 4:8 es una guía excelente. ¡Revísala!

UN MAR QUE SE DEJA VER

Por siglos, los científicos se negaron a creer las historias de los marineros que hablaban sobre mares misteriosos y brillantes, pero en 2005, las imágenes de satélite comprobaron que esas historias eran ciertas. ¿Qué causa que brillen? ¡Miles de millones de bacterias *bioluminiscentes* son las que producen esa luz!

Conecta los puntos para ver lo que flota en estas aguas brillantes.

Los científicos no creyeron las historias de los navegantes hasta que vieron ese brillo con sus propios ojos. Muchas personas se sienten así acerca de Dios y su amor, pero puedes ayudar a que estas personas «vean» el amor de Dios mediante el amor que tengas a los demás (Juan 13:35).

MISIÓN A JÚPITER

Júpiter es una enorme masa giratoria de gases, lo que hace difícil su exploración. En 2011, la NASA lanzó una nave espacial llamada Juno para dar un vistazo al planeta. Llegó en 2016 y desde entonces ha transmitido imágenes desde su JunoCam.

Imagina que la JunoCam transmitió una imagen tan increíble que la NASA decidió enviar un equipo de astronautas para investigar ¡y eres uno de los elegidos! Termina la historia a continuación y describe tus hallazgos.

BITÁCORA DEL ASTRONAUTA

Mis colegas astronautas y yo estamos a bordo del Juno 2 en una misión de emergencia de la NASA. Es solo el segundo día de nuestra órbita alrededor de Júpiter ¡y nuestros instrumentos están volviéndose locos! Pensé que era un mal funcionamiento, pero luego miré por la ventana. ¡Ahí fue donde me di cuenta de que las imágenes eran reales! Porque de los gases giratorios del enorme planeta surgía...

Dios ya sabe todo acerca de Júpiter, y todo sobre todo (Salmos 147:5). Así que pídele su ayuda, podemos confiar en que su respuesta será justo lo que necesitamos.

UN LUGAR EXTRAÑO PARA VIVIR

El pez payaso hace su hogar en medio de los punzantes tentáculos de la venenosa *anémona del mar*. ¡Pero no es para preocuparse! Dios cubrió al pez payaso con una capa especial de moco sobre su piel que lo protege de esos punzantes toques de la anémona.

Colorea los espacios con el código de color para ver quién se oculta en esta escena debajo del mar.

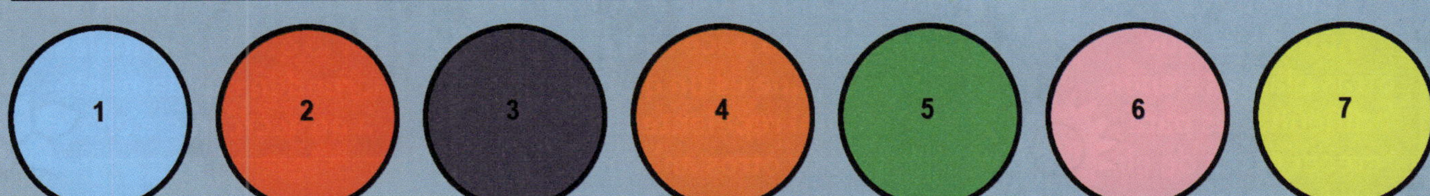

PODER FLORAL

Si estás en peligro, puedes correr, pero en el caso de las plantas, correr no es una opción. Por eso, Dios les dio a las plantas diferentes formas para defenderse y para tener los recursos necesarios para sobrevivir. Mira estas plantas y sus defensas.

Resuelve el sudoku y llena cada cuadrado con una planta. Debes incluir una rosa, un cactus, una ortiga, un girasol, una margarita pintada y un narciso en cada fila, cada columna y en cada rectángulo marcado que incluye seis cuadrados.

Rosa: sus tallos tienen espinas afiladas que pinchan a aquellos animales que crean que es una buena merienda.

Cactus: esta planta está cubierta por espinas filosas y continuas que pueden llegar a medir ¡hasta 15 cm!

Ortigas: es pequeña, tiene pelos que parecen agujas y que inyectan químicos que producen escozor e inflamación en la piel de todo aquel que la toca.

Girasol: utiliza tanta agua y nutrientes que otras plantas tienen dificultades para crecer cerca de el.

Margarita pintada: se protege a sí misma y a otras plantas. Lo hace al crear *piretrina*, que es un químico natural repelente de insectos y otros animales.

Narciso: Cada parte de esta planta es venenosa, por lo que los animales aprenden rápidamente a no acercarse a ella.

EN POSICIÓN DE ORAR, NO DE CAZAR

Norah descubrió que esta mantis religiosa, en realidad no está en posición para orar, sino de cazar. Este *depredador de emboscada* espera en silencio a que aparezca un insecto sabroso, una rana o incluso un ave. Cuando lo ve, lo golpea con una velocidad increíble, como si fueran movimientos de un ninja. *¡Llegó la hora de comer!*

Con la oración del Padre Nuestro, Jesús nos enseña cómo orar de verdad, no solo parecer que estamos orando. El problema es que esta oración se mezcló toda. ¿Puedes colocarla en el orden correcto? (Pista: lee Mateo 6:9-13, NTV, para que tengas una pequeña ayuda).

Que se cumpla tu voluntad en la tierra
Padre nuestro que estás en el cielo,
como se cumple en el cielo.
Que tu reino venga pronto.
sino rescátanos del maligno.
y perdónanos nuestros pecados,
que sea siempre santo tu nombre.
así como hemos perdonado a los que pecan
contra nosotros.
Danos hoy el alimento que necesitamos,
No permitas que cedamos ante la tentación,
—Mateo 6:9-13, NTV

1. __________
2. __________
3. __________
4. __________
5. __________
6. __________
7. __________
8. __________
9. __________
10. __________

—Mateo 6:9-13, NTV

PATRONES DE ORACIÓN

Dios quiere que oremos en todo tiempo (1 Tesalonicenses 5:17).
Pon en práctica estos consejos para que te ayuden a recordar a orar:

1. Ora a la misma hora todos los días, puede ser al despertarte o al momento que vayas a dormir.
2. Busca un lugar especial para orar, puede ser tu habitación, un clóset, un pórtico, o incluso cerca de un árbol especial.
3. Mantén un diario de oración. Escribe sobre lo qué estes orando y guarda un registro de cómo Dios responde a tus oraciones. ¡Asegúrate de agradecerle siempre!
4. Ora cada vez que escuches o veas una situación, como orar por los enfermos cuando escuchas una sirena de ambulancia.

SIEMPRE EN MOVIMIENTO

En el aire se dan muchos más procesos de los que te imaginas. El aire está repleto de moléculas que se mueven constantemente. Estas moléculas en movimiento atraen y empujan objetos como los barriletes, las aves y los aeroplanos para permitirles que se muevan en el aire.

Colorea esta imagen de una escena «voladora».

El aire siempre está en movimiento, incluso cuando no lo ves. ¡Es como Dios! Puede ser que no lo vean, pero siempre se mueve y trabaja en tu vida para bien (Juan 5:17).

¿CUÁL ES LA FRUTA MÁS RÁPIDA?

Dios creó algunos frutos para que crecieran en los árboles como el caso de las manzanas, naranjas y duraznos. Otros crecen en arbustos o en plantas pequeñas, como las cerezas y las fresas. Otros crecen en enredaderas, como las sandías y las uvas.

Las semillas de las frutas crecen cada una a su tiempo. Intenta hacer este experimento para ver cuán rápido crecen las frutas.

¿Qué necesitas?

- tijeras
- toallas de papel
- agua
- 5 semillas de 3 clases diferentes de frutas, como sandías, melones, manzanas, zucchinis, naranjas o tomates.
- bolsas plásticas para sándwiches
- marcador permanente
- cinta adhesiva
- una ventana donde entre la luz del sol

Instrucciones

1. Corta una toalla de papel en tres piezas largas y moja cada una de esas piezas con agua.
2. Coloca 5 semillas (de la misma fruta) sobre el borde de una toalla de papel y dobla el otro extremo sobre las semillas. Coloca la toalla de papel adentro de la bolsa plástica y séllala. Usa el marcador para escribir el tipo de semilla que estás dejando en la bolsa.
3. Repite el paso 2 con los otros dos tipos de semillas.
4. Pega las bosas a la ventana donde entra el sol con cinta adhesiva.
5. Revisa las semillas todos los días por las siguientes tres semanas. Si las toallas de papel se secan, abre la bolsa y agrega suficiente agua para que la toalla de papel esté mojada.
6. ¿Cuál es la semilla que brota primero? ¿A cuál le crece primero una hoja? Anota las observaciones en la siguiente tabla.

	Fecha del día 1:	Fecha en que surgió el brote de la semilla:	Fecha en que se vio la primera hoja:	¿Cómo se ve en el día 10?	¿Cómo se ve en el día 14?	¿Cómo se ve en el día 21?
Semilla 1 ________						
Semilla 2 ________						
Semilla 3 ________						

NUESTRO CONOCIMIENTO DEL H_2O

Para conocer más acerca del agua, revisa el devocional 98 de Indescriptible.

Agua, o como los científicos la llaman, H2O, es esencial para la vida. ¡Tal vez por eso fue que Dios cubrió casi el 70 % de la tierra con agua!

Responde a estas preguntas para completar el crucigrama con más información acerca del agua.

VERTICAL

1. El agua congelada se llama ____.
2. Una persona puede sobrevivir casi un mes sin alimento, pero menos de una ____ sin agua.
4. La mayoría del *agua fresca* de la tierra está encerrada en los gigantescos y congelados ____.
6. El agua está conformada por dos átomos de hidrógeno y un átomo de ____.

HORIZONTAL

3. El líquido H2O se llama ____.
5. El agua ____ a 212 °F (100 °C).
7. El hielo no se hunde, ____ sobre el agua.
8. El agua puede ser líquida, sólida o ____.
9. Casi toda el agua de la tierra está almacenada en los ____ de la tierra.

Nuestro cuerpo necesita agua, H2O, para sobrevivir. Sin embargo, también nuestra alma necesita del agua viva del Espíritu Santo. ¿Cómo logramos conseguir esa agua? ¡Cuando creemos y seguimos a Jesús! (Juan 7:37-39).

ENCUENTRA LA DIFERENCIA

Mira con atención estas imágenes «acuosas». Haz un círculo sobre la que es diferente a las demás.

OBRA DEL CORAZÓN

Para conocer más acerca del corazón, revisa el devocional 93 de Indescriptible.

Tu corazón late a unas 100.000 veces al día para bombear sangre y todos los nutrientes vitales a través de tu cuerpo. Nunca descansa, ¡ni siquiera cuando estás dormido!

Pero tener un «corazón para Dios» no tiene nada que ver con los latidos del corazón. Significa que amamos a Dios y a las personas que Él creó (Mateo 22:36-39). Revisa la lista con algunas formas en las que puedes tener un corazón para Dios y Su pueblo. Marca aquellas que puedas completar.

- ❑ 1. Antes de empezar las clases, ora por todos los estudiantes y maestros.
- ❑ 2. Habla con uno de tus padres para organizar una despensa de alimentos en la escuela o en el vecindario. Pide a tus amigos o vecinos que ayuden con productos como macarrones con queso, barras de granola y mantequilla de maní.
- ❑ 3. Recolecta abrigos y sábanas para los albergues de personas sin hogar.
- ❑ 4. Recolecta toallas usadas para algún albergue de animales.
- ❑ 5. Hazte amigo de alguien que sea diferente a ti (no tardarás mucho en darte cuenta de que no son tan diferentes después de todo).
- ❑ 6. Decora las carpetas escolares con versículos bíblicos para que puedas compartir la palabra de Dios sin decir una sola palabra.
- ❑ 7. Con el permiso de tus padres, invita a tus amigos a que te ayuden a empacar productos en un banco de alimentos.
- ❑ 8. Si alguien se acerca con un problema, escúchalo y ofrécele orar por él.
- ❑ 9. Sé un buen ejemplo de honestidad, amabilidad y ayuda para quienes te rodean.
- ❑ 10. Agrega tus propias ideas: ____________________

____

UNA PROMESA EN EL CIELO

Para conocer más acerca de los arcoíris, revisa el devocional 75 de Indescriptible.

Los arcoíris se forman cuando la luz del sol se dobla y rebota a través de las gotas de agua que están en el aire. Para recordar los colores del arcoíris, piensa en RAA V. AIV que sería el acrónimo de rojo, anaranjado, amarillo, verde, azul, índigo y violeta.

Existe un patrón en el arcoíris para los colores, que es este: ¿Qué tan rápido puedes encontrar el patrón?

El arcoíris es un recordatorio hermoso de la promesa de Dios de que nunca volverá a inundar toda la tierra. Es incluso más bello el hecho de que Dios cumple esta promesa y cada promesa de las que ha dicho (Proverbios 30:5).

UN CEMENTERIO DE BARCOS

La costa de Namibia, un país al sur de África, recibe los «huesos» de muchas naves marítimas que han naufragado, por eso recibe el nombre de la Costa de los Esqueletos. Pero este cementerio para barcos tiene una de las variedades más abundantes de vida silvestre en el planeta, aquí viven desde leones y elefantes hasta kudús y focas.

Busca en la sopa de letras a continuación.
¿Puedes encontrar todas las palabras relacionadas con la Costa de los Esqueletos?

Q	E	R	T	N	I	A	C	I	R	F	Á	T	N	I
H	J	K	U	D	Ú	P	I	F	I	T	V	S	L	N
R	E	D	E	S	S	G	U	E	P	A	R	D	O	F
E	M	B	U	S	C	A	D	O	R	E	J	E	L	O
T	P	E	R	F	O	C	A	C	A	F	A	R	I	J
R	F	T	I	A	S	E	S	A	D	R	O	N	H	M
B	S	N	A	L	T	G	C	I	T	A	K	N	H	A
A	P	A	C	H	A	C	A	L	D	E	W	A	Q	N
R	L	F	C	E	O	O	R	E	C	W	N	U	O	I
C	E	E	T	L	W	B	G	R	W	U	T	F	O	E
O	Y	L	V	X	E	A	A	E	D	L	A	R	E	B
V	Y	E	N	N	B	Ó	H	C	E	B	R	A	S	L
L	T	M	E	G	M	A	N	N	R	L	R	G	A	A
H	I	O	N	C	E	M	E	N	T	E	R	I	O	S
C	R	C	T	T	S	E	I	B	C	R	A	O	E	E

ÁFRICA
BARCO
CEBRA
CEMENTERIO
CHACAL
COSTA
DUNA
ELEFANTE
FOCA
GUEPARDO
JIRAFA
KUDÚ
LEÓN
NAUFRAGIO
NIEBLA

Cuando tu día se sienta como un «naufragio», toma esta oración de la escritura: «Señor, hazme conocer tus caminos; y enséñame tus sendas. Encamíname en tu verdad... ¡En ti pongo mi esperanza todo el día!» (Salmos 25:4-5).

NO TE DETENGAS Y RÍE

No tienes que aprender a reír. De hecho, ¡los bebés empiezan a reír cuando tienen tres meses de edad! La ciencia de la risa se llama *gelotología* y quienes la estudian, dicen que la risa no solo hace que la gente sea más feliz, sino que también se libera del estrés y les ayuda a pensar mejor.

Lee estos versículos bíblicos del gozo y usa la Nueva Traducción Viviente para llenar los espacios en blanco.

Él volverá a llenar tu boca de ______________ y tus labios con gritos de ______________. Job 8:21

El corazón ______________ es una buena ______________. Proverbios 17:22

Nos llenamos de ______________ y cantamos de ______________. Y las otras naciones dijeron: «Cuántas ______________ ha hecho el SEÑOR por ellos». Salmos 126:2

Un tiempo para llorar y un tiempo para ______________. Eclesiastés 3:4

Les he dicho estas cosas para que se llenen de mi ______________; así es, ______________ de ______________. Juan 15:11

Ustedes vivirán con gozo y paz. Los ______________ y las colinas se pondrán a cantar y los ______________ de los campos aplaudirán. Isaías 55:12

REÍR O NO REÍR

Los científicos no terminan de entender por qué unas bromas son divertidas y otras no. Por lo general se debe a que nos sorprenden al final. En otras ocasiones, lo que da risa es el juego de palabras. Lee a continuación y trata de hacer uno o más chistes tú solo.

¿Cuál era el mono que entró por dos al arca?	*El mono-araña*
¿Cuál fue el último animal que entró al arca?	*El del-fin*
¿Qué clase de árbol cabe en tu mano?	*La palmaera*
¿En qué sirvió el astronauta la cena?	*En un platillo volador*
Un pez le pregunta a otro pez: ¿qué hace tu mamá?	*Nada.*

¡SIGAN ESA NARIZ!

Los sabuesos a menudo son llamados el «hocico con un perro adjunto». Su sorprendente nariz llega a tener entre 250 a 300 millones de receptores de olor, mientras los humanos solo tienen unos 400. Los sabuesos pueden seguir un rastro olfativo incluso 300 horas después de que haya pasado. ¡Son casi 13 días después!

Mira con atención estas imágenes. Haz un círculo en aquella que es diferente.

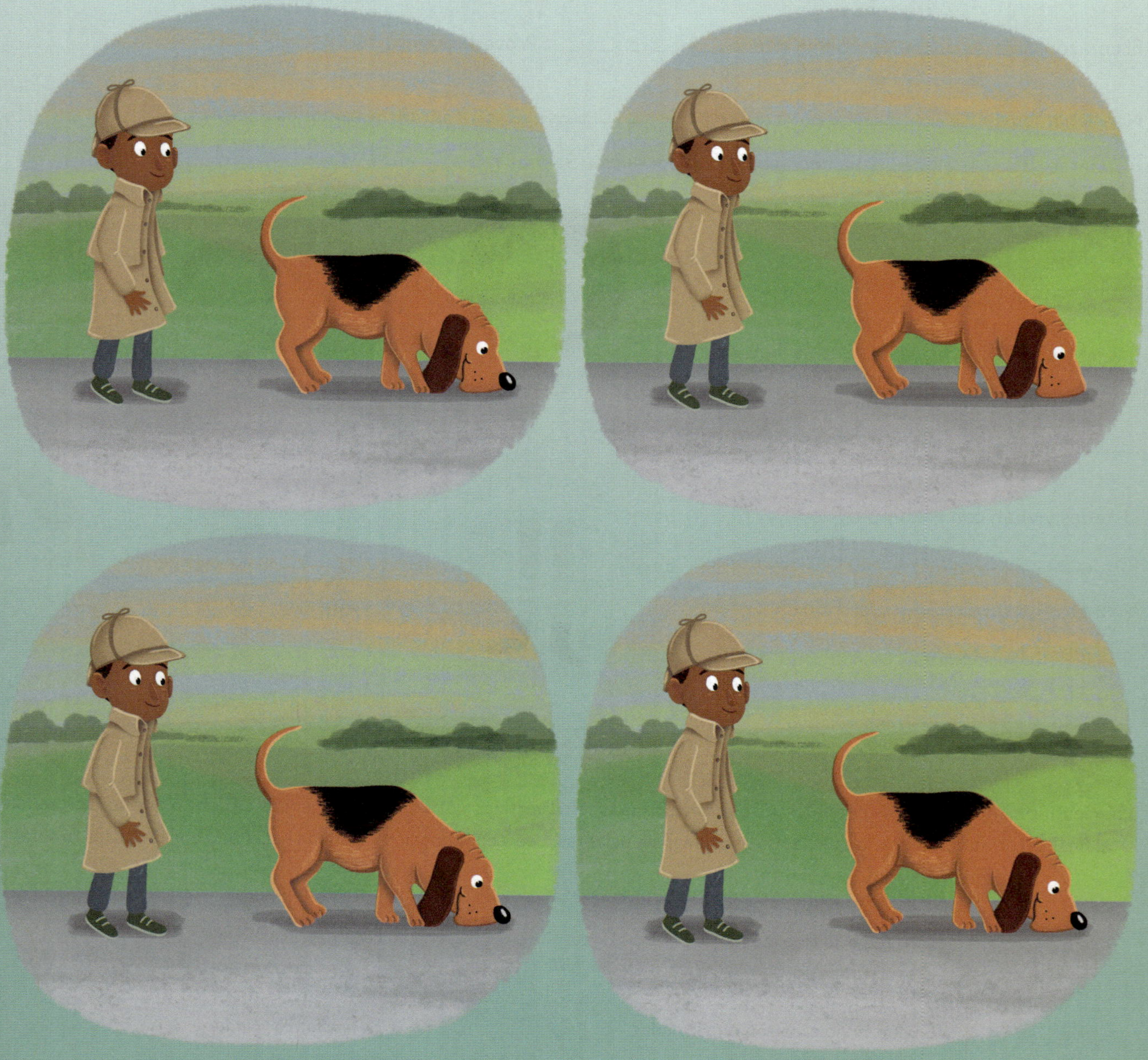

LA NARIZ SABE

Llena los espacios en blanco para completar el crucigrama y aprender un poco más de los sabuesos.

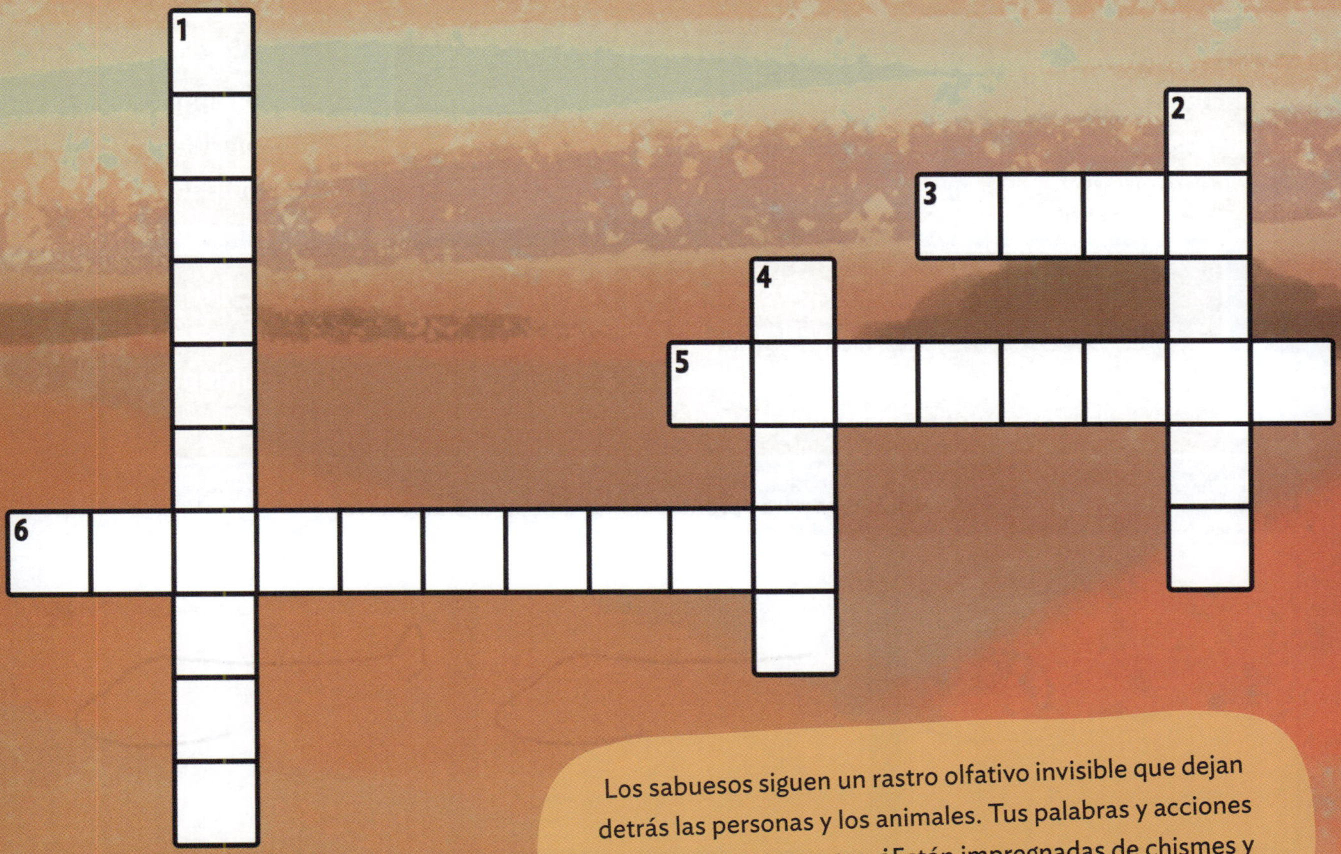

Los sabuesos siguen un rastro olfativo invisible que dejan detrás las personas y los animales. Tus palabras y acciones también dejan un rastro. ¿Están impregnadas de chismes y egoísmo, como si «apestasen»? ¿O tienen el dulce aroma del amor y la bondad que guía a otros hacia Dios? (Juan 13:35).

HORIZONTAL

3. La imagen olfativa de una persona puede incluir el sudor, el aliento y la ___ (la capa externa de nuestro cuerpo).
5. Los sabuesos se usan para rastrear a ___ desaparecidas.
6. Cuando un sabueso huele la ropa de una persona, crea una «imagen del olor», es como una ___ o imagen de esa persona.

VERTICAL

1. ¡Un sabueso puede seguir un rastro olfativo por más de 200 ___ !
2. El sentido del ___ del sabueso es 1.000 veces más fuerte el del humano.
4. La capacidad del sabueso de olfatear es tan buena que se acepta en un tribunal ___ como evidencia.

¡ARRIBA, ARRIBA Y ADIÓS!

¿Cómo es que un avión sólido, que pesa miles de kilos, puede volar por el aire y se siente como si no pesara nada? Depende de cuatro fuerzas invisibles que trabajan juntas: peso, sustentación, empuje y arrastre.

Peso: incluye el peso de la nave aérea, los pasajeros, el equipaje y el combustible.

Sustentación: el aire está lleno de moléculas. Cuando las alas de un aeroplano empujan estas moléculas hacia abajo, el aire levanta la nave.

Empuje: lo provocan los propulsores o el motor que empuja el avión para avanzar

Arrastre: es la fuerza que se opone al avión cuando va avanzando. Un aeroplano debe ser liso y redondeado para evitar el arrastre hasta que esté listo para aterrizar. Es entonces cuando los alerones se levantan para aumentar la resistencia y disminuir la velocidad del avión que va aterrizando.

Siga estos pasos para aprender cómo dibujar una aeronave.

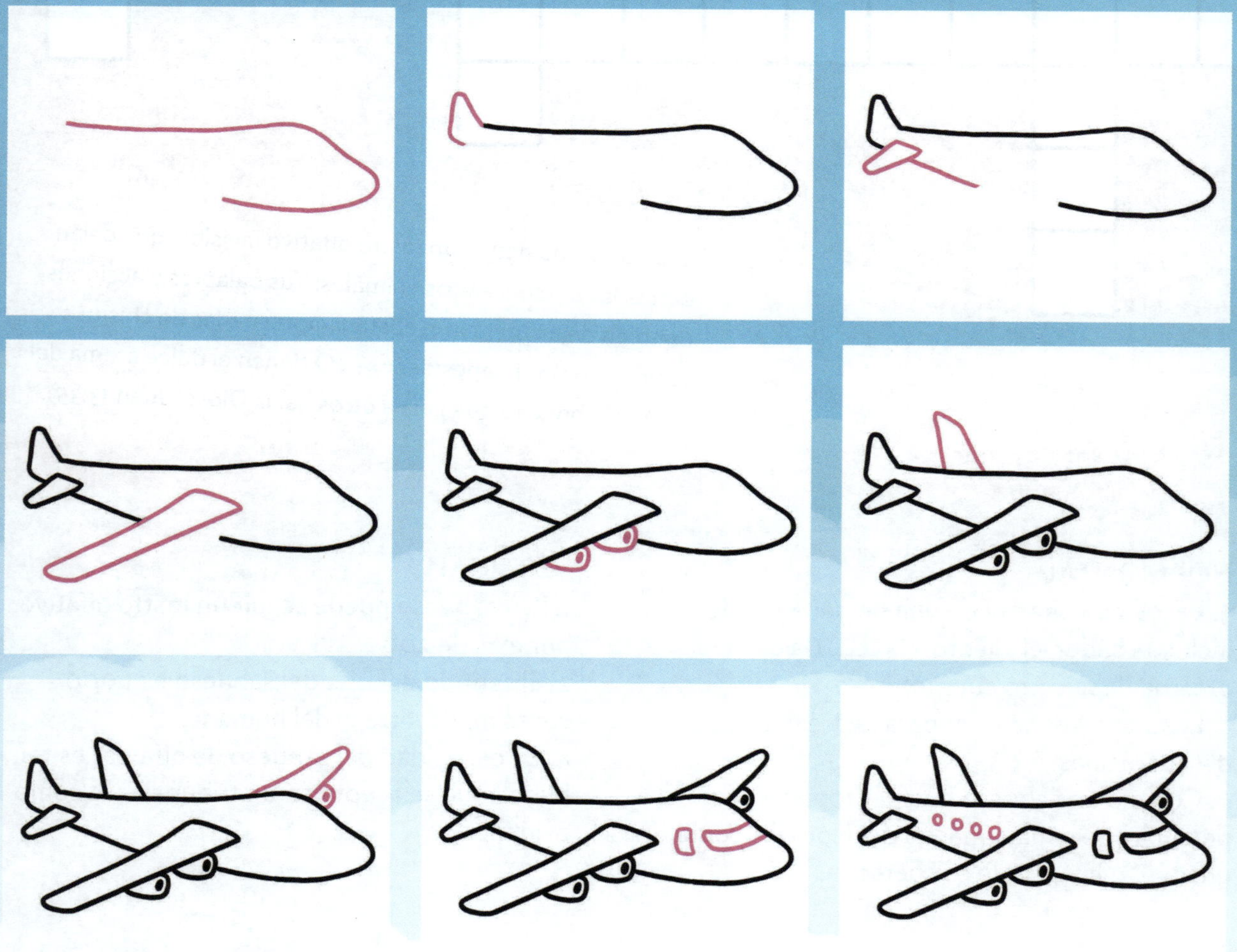

DIBUJA AQUÍ UNA AERONAVE, LUEGO COLORÉALA PARA QUE ESTÉ EN UNA ESCENA DE VUELO

Tres de las fuerzas más poderosas en nuestro mundo son invisibles. Lee 1 Corintios 13:13 para descubrir cuáles son.

CREACIONES DE CORAL

Dios creó enormes elefantes y enormes ballenas agitadoras del mar, pero también creó animales diminutos, como el coral. Así es, ¡el coral es un animal! Esto quiere decir que el coral está conformado por miles de pequeños animales llamados *pólipos* que viven todos juntos.

En la imagen inferior de Joshua, vemos algunas piezas faltantes. Escribe el número de la pieza correcta en cada espacio faltante para completar la imagen.

¿ESCUCHASTE QUÉ?

La *ecolocación* es el proceso de usar ondas sonoras o vibraciones para ubicar las cosas. Dios creó a algunos animales (como los murciélagos, delfines y ballenas) para que la ecolocación les ayudara a encontrar a sus presas, a navegar o prevenir a sus enemigos.

Trata de hacer este experimento para ver cómo funcionan las ondas sonoras.

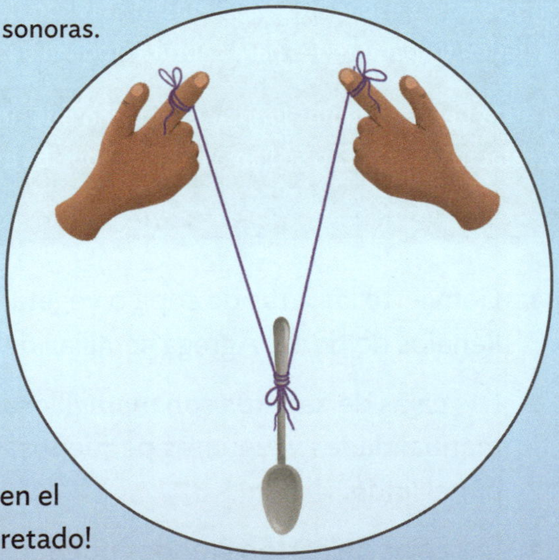

¿Qué necesitas?

- una cuchara de metal
- aproximadamente 1,30 m de lana o cuerda
- una regla
- un amigo

Instrucciones

1. Ata la cuchara a la mitad de la cuerda.
2. Enrolla uno de los bordes de la cuerda unas cuantas veces en el dedo índice de la mano izquierda, ¡pero que no esté tan apretado! Enrolla el otro borde en el dedo índice de la mano derecha.
3. Levanta las manos hasta que tus dedos estén cerca de tus oídos y la cuchara cuelgue por tu estómago.
4. Pide a un amigo que toque la cuchara con una regla.

¿Qué escuchas? ¿Cambia el sonido si mueves tus dedos más cerca o más lejos de tus oídos? Anota tus observaciones a continuación.

ES HORA DE LIMPIAR LA BASURA

Millones de piezas de basura vuelan alrededor del espacio, desde satélites viejos hasta un guante que se le haya zafado a un astronauta. Los científicos tienen la esperanza de limpiar el espacio con robots como los OSCaR (cuyo nombre en inglés es *Obsolete Spacecraft Capture and Removal*, o sea, recolección y retiro de naves espaciales obsoletas). Estas son flotillas de robots del tamaño de una caja de zapatos que pueden disparar redes para capturar toda la basura.

Aquí en la tierra podemos limpiar el entorno que nos rodea al buscar formas en las que podamos usar los artefactos viejos. Eso se llama *reutilización*. ¡Es maravilloso para el ambiente y para tu imaginación!

1. Convierte las latas de sopa o vegetales en floreros, solo límpialos y llénalos de tierra. Agrega semillas de flores, un poco de agua y luz solar.
2. Las cajas de zapatos son maravillosas para guardar los artículos de manualidades y juguetes pequeños. Cubre la caja con dibujos o con un papel lindo.
3. Las cajas de cartón grandes pueden unirse para crear un fuerte, un barco pirata o incluso un teatro de marionetas.
4. Las calcetas viejas son excelentes marionetas de mano. Solo pega los ojos de botones, una nariz de pompón y lana para el cabello, ¡lo que imagines!
5. Elabora crayones nuevos de los viejos que estén quebrados. Solo quítales el papel que traen y coloca los crayones quebrados en un molde de magdalenas. Con la ayuda de un adulto, hornéalos a 275 °F (135 °C) durante unos 10 a 12 minutos. Sácalos cuando se hayan enfriado totalmente, ¡ahora empieza a colorear!
6. Utiliza una botella de leche de plástico para hacer un juego de lanza y atrapa. Con la ayuda de un adulto, corta el fondo de la botella, lo que te deja con un agarrador y un «recipiente». Haz turnos con un amigo para tirar el balón y tratar de atraparlo en el «recipiente».
7. Convierte un rollo de papel higiénico en un alimentador de aves. Pasa un pedazo de lana o un cordón fuerte en medio de un rollo vacío de papel higiénico y después haz un nudo. Cubre el tubo con mantequilla de maní, pásalo por semillas para aves y cuélgalo del cordón que quedó afuera.

Cuidar de la tierra es uno de los trabajos que Dios nos dejó desde el inicio (Génesis 1:26). ¿Cómo puedes hoy empezar a cuidar de Su creación?

¡ALREDEDOR, UNA Y OTRA VEZ!

Puede ser que estés pensando que estás firme en donde estás, pero en realidad estás girando alrededor, ¡una y otra vez! Esto se debe a que la Tierra está girando en el espacio a una velocidad aproximada de 1.600 km por hora. ¿Sientes los mareos?

Mira de cerca esta imagen de la Tierra y de los chicos Indescriptibles. ¿Puedes encontrar todas las imágenes ocultas?

ÍNDICE

TIPO DE ACTIVIDAD

DEVOCIONALES DE LOS CHICOS INDESCRIPTIBLES

TEMAS

RESPUESTAS

Página 5: Monte Laberinto

Página 6: Los ojos lo tienen

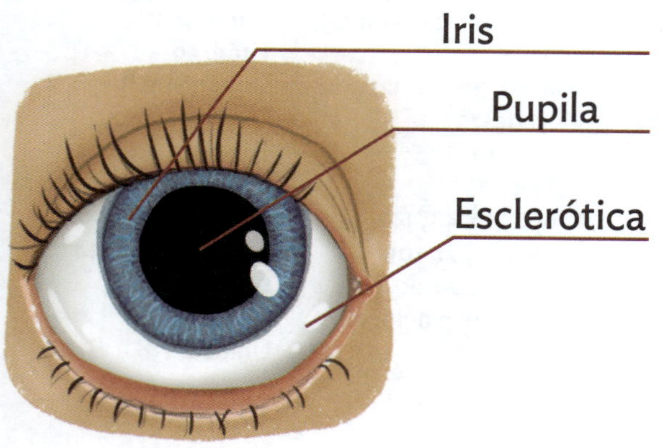

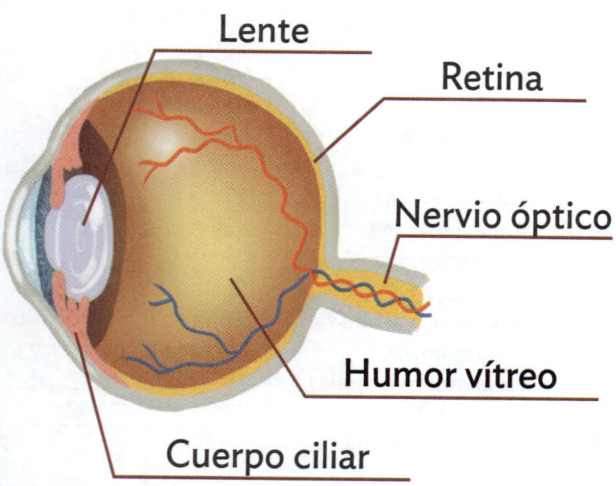

Página 7: Agrupemos las piezas

Páginas 8 y 9: Solo con la información

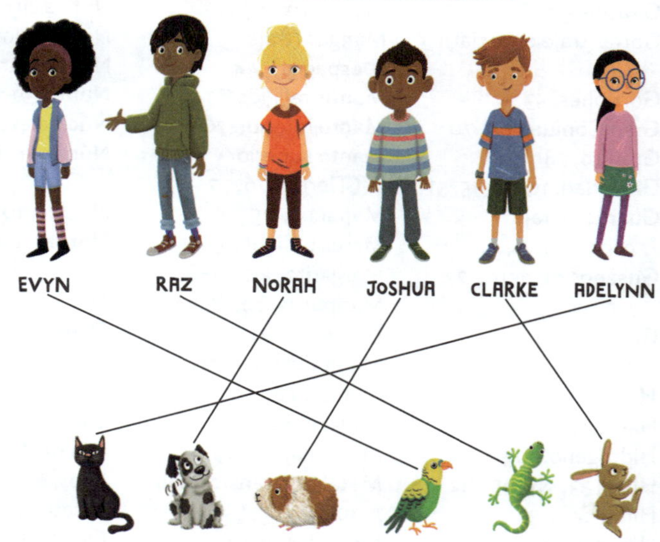

	Gato	Perro	Conejillo de indias	Perico	Gecko	Conejo
Evyn	X	X	X	O	X	X
Raz	X	X	X	X	O	X
Norah	X	O	X	X	X	X
Joshua	X	X	O	X	X	X
Clarke	X	X	X	X	X	O
Adelynn	O	X	X	X	X	X

Página 10: La búsqueda en el gran espacio

Q E R T N I R D L A Z Z U B P Y S T S C S D G

H J K A T E R R I Z A J E L U N A R E I L N Z

X C C A R R E R A E S P A C I A L V R E B A N

E M Q A W A R T Y P L J E L M S N B A N V V C

T P M R B V C S Z A D P L O I A U Y N T T E R

E F G R A V E D A D G O U H J K L Q U Í W E E

H D A E Q R E T R Y C K N H G F D E L F I S I

O P L I I Y U T R L E W A Q M N B B S I V P C

C O N T R O L D E L A M I S I Ó N R E C R A R

J E J N E I L A R M S T R O N G D T R O T C G

U Y Z V X S H U E L L A T K M M N H E S H I L

R Y R O P C I O T E F G S A D S L P T P R A R

O T N E I M A Z N A L E D A M R O F A T A L P

H I O M E Y T B G V I S S O P K B V R F D W Q

C R I T T S E I B T R A J E E S P A C I A L F

Página 19: ¡Es un río de vida!

Página 11: No son exactamente los mismos

PagePágina 22: Hogar dulce hogar

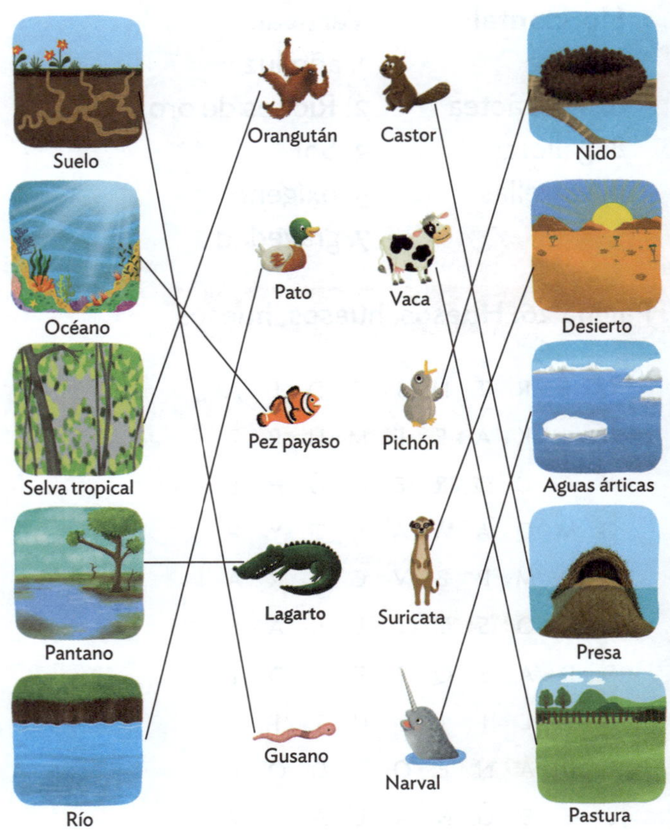

Página 23: ¡Sujétate!

Página 25: Atravesemos el espacio

Horizontal:

4. Luna
6. Vía Láctea
8. galletas
9. estrellas

Vertical:

1. año luz
2. Ricitos de oro
3. Sol
5. oxígeno
7. gravedad

Página 26: Huesos, huesos, huesos

Q	E	R	T	N	I	R	D	L	A
H	J	K	A	F	É	M	U	R	Z
X	C	C	O	R	E	M	Ú	H	E
O	M	Q	A	W	A	R	T	Y	P
T	P	M	R	B	V	C	S	R	A
I	C	O	S	T	I	L	L	A	S
B	D	A	E	Q	R	E	T	D	Y
Ú	P	L	I	I	Y	U	T	I	L
C	R	Á	N	E	O	L	D	O	L
J	E	E	G	N	A	L	A	F	M

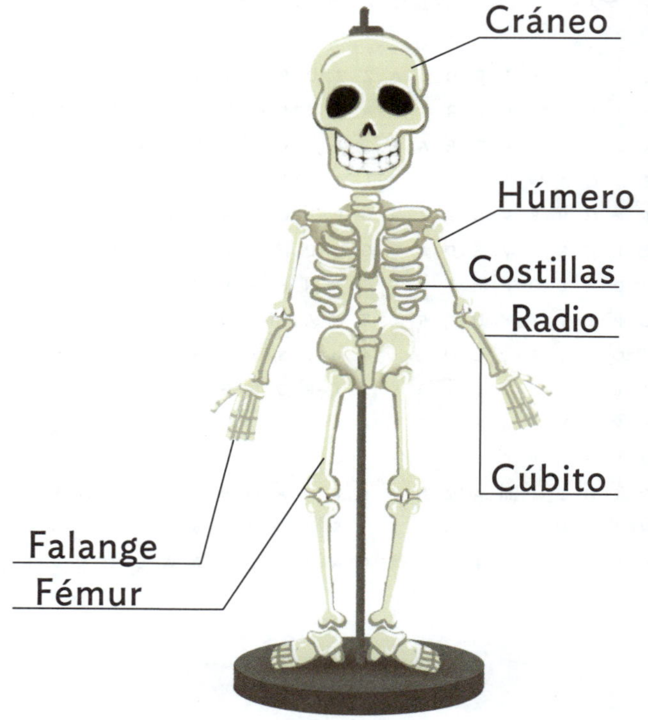

Página 27: serpenteante y ondulante

Página 28: Cada oveja con su pastor

Página 29: ¿Tomaste la foto?

2 x 2 = 4   2 + 3 = 5   2 + 2 + 2 = 6   6 + 1 = 7

¡El Ranger 7 fue el que tomó las fotos!

Página 30: Un rompecabezas frutoso

Página 31: Definitivamente no es un plátano

AMOR

ALEGRÍA

PAZ

PACIENCIA

AMABILIDAD

BONDAD

FIDELIDAD

HUMILDAD

DOMINIO PROPIO

Puedes esperar sin sentirte molesto.

Se trata de ser considerado y amable con los demás.

Este sentimiento de felicidad vive en tu corazón, incluso cuando las cosas no van como quieres.

Es lo opuesto a maldad.

Estás en control de lo que haces y dices, incluso cuando te sientes molesto o estás enojado.

No solo es un sentimiento, es todo lo que haces. Dios quiere que tus acciones demuestren este fruto, tanto hacia Él como a tus vecinos.

Significa que eres leal, que eres confiable y que cumples tus promesas, así como Dios cumple las suyas.

Hablas y actúas con ternura y bondad, no hablas con dureza.

Este sentimiento de tranquilidad viene de saber que Dios te ama y que puedes confiar en Él para cuidarte.

Página 32: La vida en lo más alto

Páginas 36 y 37: Cerebritos ocupados

1. 7
2. 1
3. 3
4. Colmena
5. 2
6. Azul
7. Blanco
8. Ardillas y un ave

Página 38: Creación colorida

Página 41: Cuando eres feliz y lo sabes

Horizontal:
4. melena
5. bigotes
7. tigre
8. leopardo
10. rugido

Vertical:
1. garras
2. maullidos
3. cola
6. gatito
9. ronronean

Página 42: Suda hasta la última gota

1. V
2. F
3. F
4. V
5. F
6. V
7. V

Página 43: Leones, hipopótamos y gorilas, ¡no puede ser!

Q	E	R	T	N	I	R	D	L	A	E	A	U	B	P
H	J	K	A	T	E	T	N	A	F	E	L	E	L	U
X	C	C	A	R	C	A	U	C	H	O	P	A	C	I
E	M	Q	A	W	A	R	T	Y	P	L	J	M	L	M
G	P	M	O	B	V	C	S	Z	A	D	P	A	O	I
O	F	G	R	A	O	Ñ	A	T	S	E	O	D	H	J
R	D	A	O	Q	R	E	T	R	Y	C	K	E	H	G
I	P	L	I	I	Y	U	T	R	L	E	W	R	Q	M
L	O	D	I	A	M	A	N	T	E	S	M	A	S	I
A	E	J	N	E	X	L	A	W	M	S	T	P	O	N
U	Y	Z	V	L	E	O	P	A	R	D	O	T	E	M
R	Y	R	O	P	C	I	O	T	E	F	G	S	R	D
O	T	N	E	I	M	A	L	E	Ó	N	E	D	B	M
H	I	O	M	E	Y	T	B	G	V	I	S	S	O	P
C	R	I	T	T	S	E	I	B	T	G	A	J	C	E

Página 47: Solo existe un camino

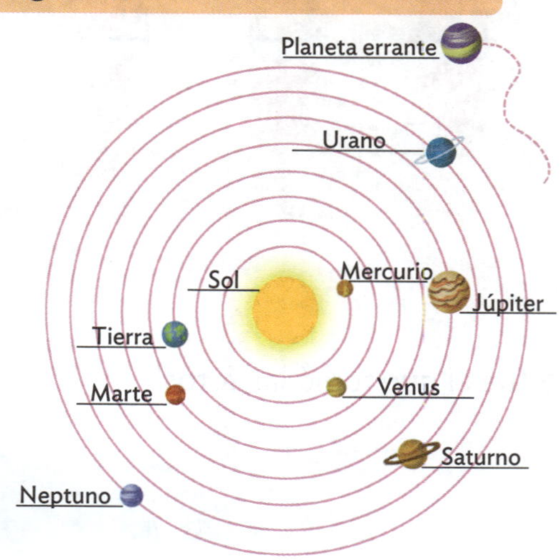

Página 52: Vida en los árboles

Página 53: ¡Los animales están en todos lados!

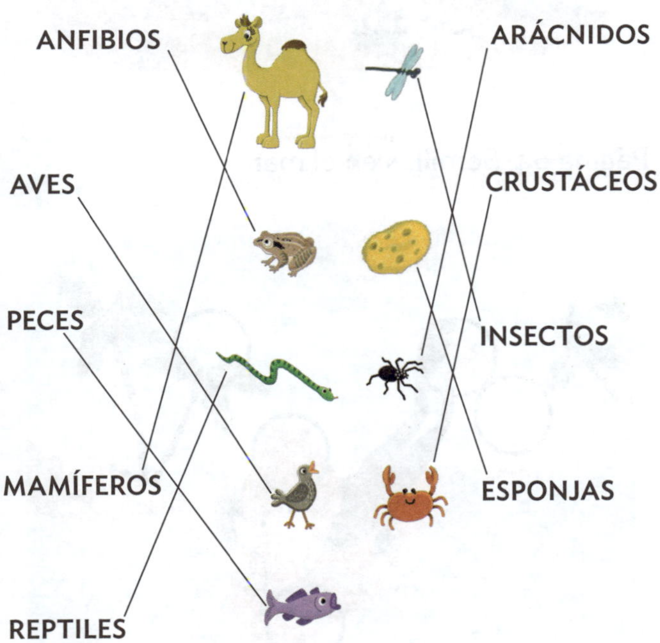

Página 54: ¡Esa no es una estrella!

1. luz
2. polvo
3. asteroides
4. atmósfera
5. meteoro
6. Dios
7. deseos

Página 55: Un arreglo de hojas

Página 56: Por los números

A. 9; B. 3; C. 4; D. 2

Muchas secoyas gigantes tienen entre ¡2.000 y 3.000 años!

Algunos árboles incluso podrían llegar a tener incluso más de ¡4.000 años!

¡Estos sorprendentes árboles pueden crecer hasta llegar a los 90 metros, que es más o menos la altura de la estatua de la Libertad! Y a menos que tengas brazos *realmente* largos, no podrás abrazar a estos árboles y la razón es que tienen troncos que pueden a llegar a más de 29 metros.

Página 59: La Luna en movimiento

1. Luna
2. Saturno
3. Titán
4. Orbitaba
5. Astrónomos

Q E R T N I R D L A
H J K A T I T Á N Z
O C C O R E X Ú H E
R M Q A W A R T Y P
B P M R B V L S I A
I C O O N R U T A S
T D A E Q R N T O Y
A P L I I Y A T P L
B R Á N E O L D O L
A S T R Ó N O M O S

Página 61: ¡Sumerjámonos!

Página 64: Semillas en el mar

Página 65: ¡Es una invasión de microbios!

Página 66: Amigos peludos, esponjosos y plumosos

Página 70: Gran conju... ¿qué?

1. sistema solar
2. orbitar
3. Sol
4. Júpiter
5. veinte
6. gran
7. millones

Página 70: Laberinto espacial

Página 71: Pequeño pero poderoso

1. Génesis 1
2. Combatir enfermedades y digerir los alimentos
3. Cadenas de diminutos aminoácidos
4. 1 en 10 duodecillones (o un 1 con 40 ceros)
5. *Las respuestas pueden variar*

Página 73: la zona de Ricitos de oro

1. distancia
2. agua
3. roca
4. ozono, escudo
5. atmósfera
6. Luna
7. calor, luz
8. Júpiter
9. planetas
10. Vía Láctea

Página 74: Después de todo, es importante

Horizontal:
1. delgado
3. bacterias
4. apéndice

Vertical:
2. propósito
5. digerir
6. estómago

Página 75: ¡No te rindas!

Página 76: No solo es una canica

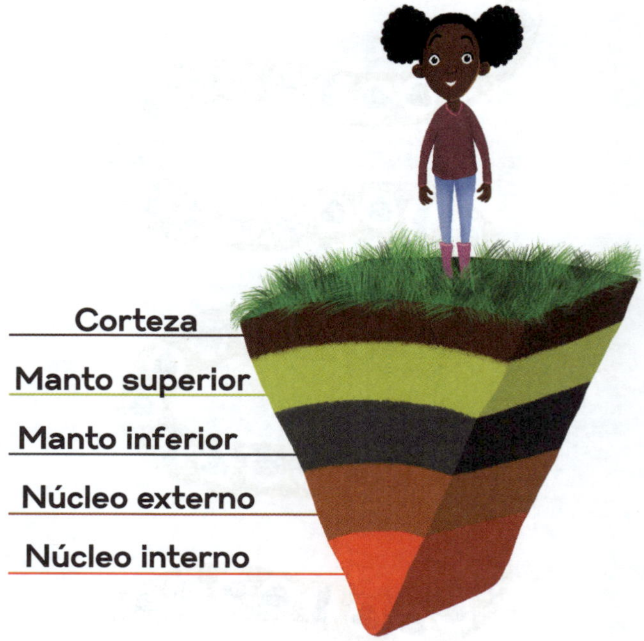

Página 78: ¿Qué es el clima?

Q	E	R	T	N	I	R	D	L	A
H	H	K	N	I	E	B	L	A	Z
O	U	C	O	R	E	X	L	H	E
E	R	Q	A	W	A	R	U	Y	P
V	A	M	R	B	V	L	V	I	A
E	C	O	G	R	A	N	I	Z	O
I	Á	A	E	Q	R	N	A	O	Y
N	N	C	E	L	L	I	S	C	A
B	R	Á	N	E	O	L	D	O	L
A	A	C	S	I	T	N	E	V	S

Página 79: ¡Sigue este camino!

Página 83: Un refrigerio no tan delicioso

1. monarca
2. anaranjado
3. venenosa
4. algodoncillo
5. orugas
6. depredador

Página 84: ¡Escondite!

Página 85: ¿Podría ser cierto?

1. V
2. F
3. V
4. F
5. V

Página 86: ¡Una combinación de todo!

Página 88 y 89: ¿Recuerdas?

1. Dos de los siguientes colores: morado, rojo, azul o verde.
2. Perú.
3. Rojo.
4. Sombrero de fiesta.
5. Seis.
6. Verde.
7. Oso.
8. Balón de fútbol.
9. Patineta o sombrero de fiesta.
10. 132.

Página 90: ¡Como el pegamento!

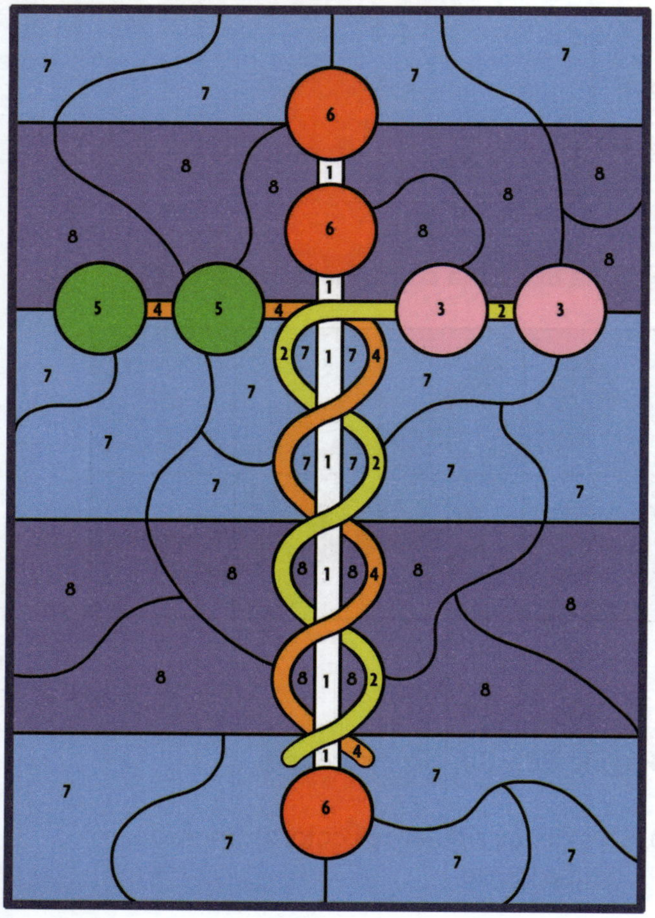

Página 96: ¡Saltos felices!

Página 92: Plantadas a la perfección

Q	E	R	T	N	I	R	D	L	A	T	R	U	B	P
H	J	K	A	T	E	P	I	F	I	T	A	S	L	U
X	C	C	S	R	R	E	R	A	E	I	P	A	C	I
E	M	R	A	Í	C	E	S	Y	P	E	J	A	L	M
T	P	M	J	B	V	C	S	Z	A	R	P	I	O	I
R	F	G	O	A	V	E	D	A	D	R	O	R	H	J
A	D	A	H	Q	R	E	T	R	Y	A	K	E	H	G
L	P	L	I	I	Y	U	T	R	D	E	W	N	Q	M
O	L	A	C	I	P	O	R	T	E	U	Q	S	O	B
S	E	J	T	E	G	B	A	R	S	S	T	R	O	N
Z	Y	Z	V	X	S	A	U	E	I	L	A	T	K	M
U	Y	R	N	N	U	T	R	I	E	N	T	E	S	D
L	T	N	E	G	M	A	Z	N	R	L	E	D	A	M
H	I	O	A	E	Y	T	B	G	T	I	S	S	O	P
C	R	I	T	T	S	E	I	B	O	R	A	J	E	E

Página 97: ¿Mal humorado por el hambre?

1. hambre
2. enojo
3. mal humor por hambre
4. actitud
5. cuerpo
6. azúcar
7. energía
8. problemas
9. instinto
10. huida
11. control

Página 100: ¡Sonríe!

Horizontal:

3. esmalte
4. dentista
5. caries
8. moler
10. hilo dental
11. morder

Vertical:

1. pasta
2. masticas
6. sonrisa
7. huesos
9. sonreír

Página 101: ¡Feliz siesta!

1. NASA aprendió que los astronautas estaban más felices, creativos y alertas después de tomar una pequeña siesta.
2. Fragatas.
3. Delfines.
4. Más o menos la mitad del día.
5. Las nutrias se sujetan de las algas marinas, o de otras nutrias, para evitar naufragar.

Páginas 102 y 103: Pistas en las rocas

1. *Las respuestas pueden variar.*
2. Saltar entre las rocas.
3. 12.
4. Por la escalera.
5. *Las repuestas pueden variar.*
6. Botella de agua.
7. T. rex.
8. Brocha suave.

Páginas 104 y 105: ¡Todo es elemental!

2: helio	26: hierro
8: oxígeno	28: níquel
11: sodio	47: plata
20: calcio	79: oro

Página 106: ¡Salud!

Horizontal:	Vertical:
2. lavar	1. enfermarte
5. microscopio	3. estornuda
7. agua	4. codo
10. organismos	6. patógeno
	8. toser
	9. microbio

Página 108: Solo un poco diferentes

Página 109: ¡Célulabremos!

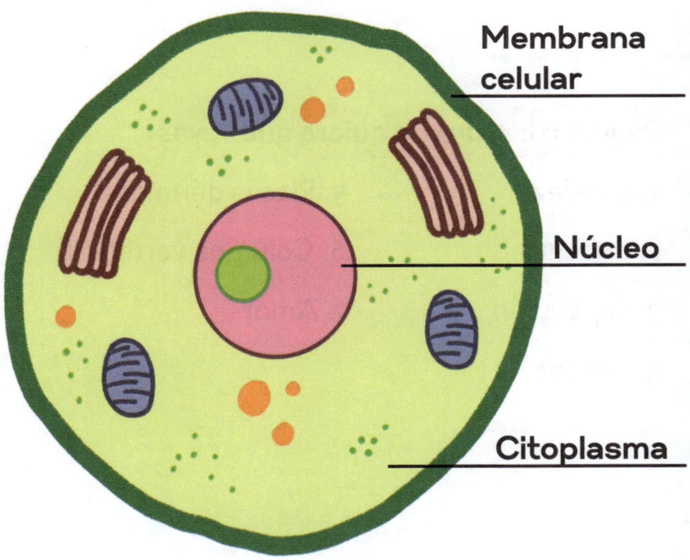

Página 110: ¡Todos, sonrían!

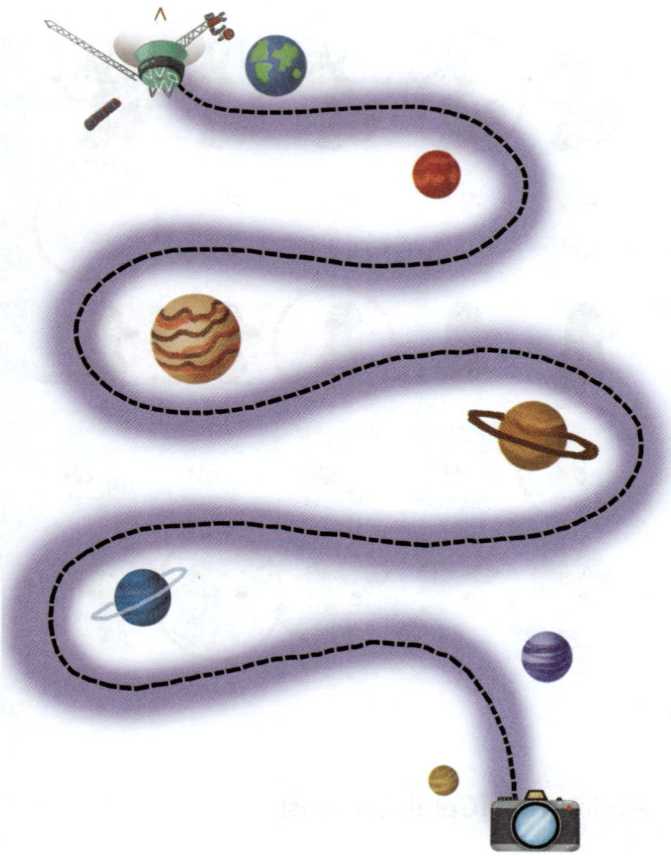

Página 111: A donde quiera que vayas

1. fortaleza
2. tortugas
3. caparazón
4. huesos
5. Placas dérmicas
6. Columna vertebral
7. Amor

Página 115: ¿Quién ha estado aquí?

Página 116: Hormigas sorprendentes

Página 118: En busca de cenotes

Q E R T N I R D L A T R A B P
H J K A T E P I F I T V S L O
X C C S R R E R A E E P A C E
E M R A E C U B Y U E J E L N
T P M R B V C S C A R P S O Á
R F G I A V E D A D R O T H R
E S T A L A G M I T A K A H R
L P L I I Y U T R D E W L Q E
M L A C E T O N E C U Q A O T
S E F T E G B A R S S T C O B
Z Y Ó V X S A U E I L A T K U
Q Y S N N U M A M U T T I S S
L T I E G M A Z N R L E T A P
H I L A E Y T B G T I S A O S
C R I T T S E I B O R A J E E

Página 119: ¡En la mira!

Página 120: ¿Eso sí es calor!

1. V
2. F
3. F
4. V

Página 121: ¡Volcán!

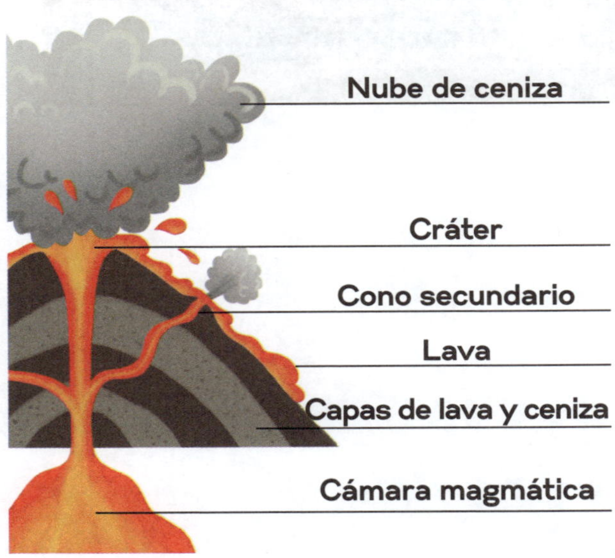

Página 122: ¡Llega a las estrellas!

Horizontal:

3. negro
4. estrella
8. Dios
9. marineros
10. Sol
11. gas
12. gravedad

Vertical:

1. espacio
2. deseo
5. supernova
6. años
7. titilar

Página 123: Una buena forma de ir bajo el mar

D E S C U B R I R

Página 124: Una advertencia colorida

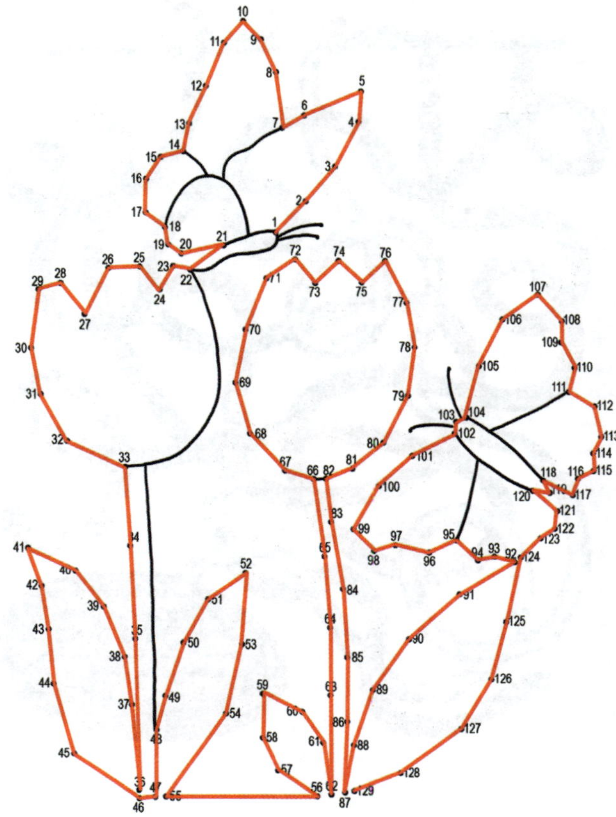

Páginas 128 y 129: ¡Ponte a contar!

1. 9
2. Azul
3. 4
4 3
5. Tres de los siguientes colores: verde, azul, morado o amarillo
6. 4
7. 3
8. Una bandera
9. 5
10. Bloqueador solar

Página 130: ¡No quiero!

Página 131: Suena como si fuera...

1. oigan
2. fe, Cristo
3. no apresurarse, enojarnos

Página 132: ¡Hay mucho calor por aquí!

1. Tierra
2. ecuador
3. cinturón
4. kilómetros
5. rayos
6. clima
7. lluvia
8. humedad
9. cálido
10. diferente

Página 134: Remolinos arremolinados

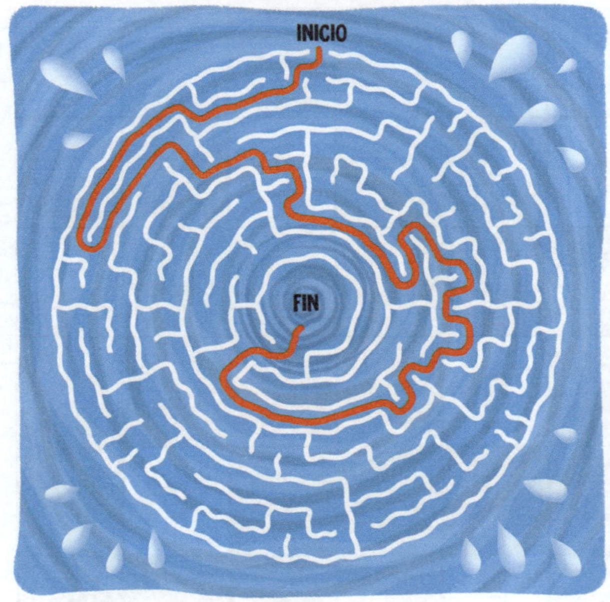

Página 135: Directo al espacio

El orden de las respuestas puede variar

1. Vía Láctea
2. explosión estelar
3. agujero negro
4. año luz
5. nave espacial
6. luna llena
7. traje espacial
8. cuerda cósmica
9. estrella fugaz

Página 138: ¡Imposible de separar!

Página 141: ¿Vida en el desierto?

Página 145: Un mar que se deja ver

Página 144: Transitemos en la autopista de la información

Q	E	R	T	N	I	R	T	E	N	R	E	T	N	I
H	J	K	A	T	E	P	I	F	I	T	V	S	L	N
R	E	D	E	S	S	O	C	I	A	L	E	S	C	F
E	M	B	U	S	C	A	D	O	R	E	J	E	L	O
T	P	A	R	B	S	C	E	C	A	R	P	S	O	R
R	F	R	I	A	I	E	S	A	D	R	O	N	H	M
S	S	O	A	L	T	G	C	I	T	A	K	A	H	A
O	P	D	I	G	I	T	A	L	D	E	W	V	Q	C
E	L	A	C	E	O	O	R	E	C	W	Q	E	O	I
D	E	T	T	E	W	B	G	R	W	S	T	G	O	O
I	Y	U	V	X	E	A	A	E	I	L	A	A	E	N
V	Y	P	N	N	B	M	H	A	C	K	E	R	S	S
L	T	M	E	G	M	A	Z	N	R	L	R	T	A	P
H	I	O	N	L	I	N	E	G	T	O	S	A	O	S
C	R	C	T	T	S	E	I	B	C	R	A	J	E	E

Página 147: Un lugar extraño para vivir

Página 148: Poder floral

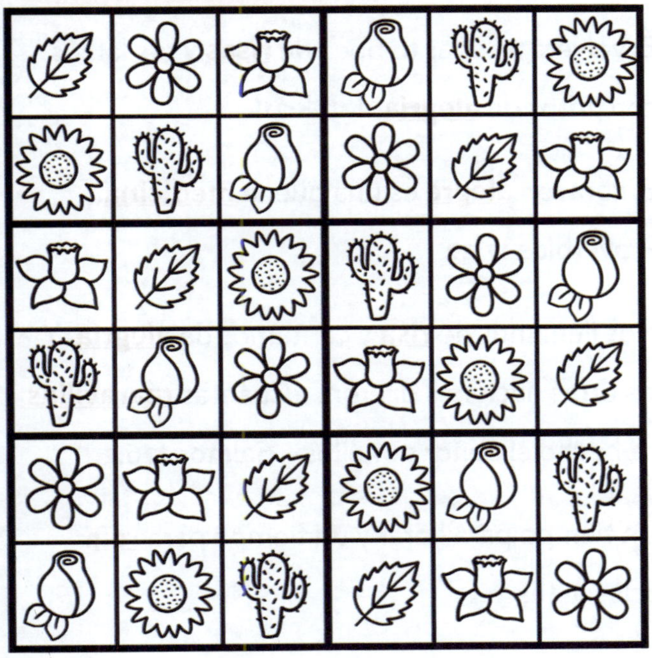

Página 149: En posición de orar, no de cazar

1. Padre nuestro que estás en el cielo,
2. que sea siempre santo tu nombre.
3. Que tu reino venga pronto.
4. Que se cumpla tu voluntad en la tierra
5. como se cumple en el cielo.
6. Danos hoy el alimento que necesitamos,
7. y perdónanos nuestros pecados,
8. así como hemos perdonado a los que pecan contra nosotros.
9. No permitas que cedamos ante la tentación,
10. sino rescátanos del maligno.

Página 152: Nuestro conocimiento del H2O

Horizontal:

3. agua
5. hierve
7. flota
8. gaseosa
9. océanos

Vertical:

1. hielo
2. semana
4. glaciares
6. oxígeno

Página 153: Encuentra la diferencia

Página 155: Una promesa en el cielo

Página 156: Un cementerio de barcos

Q	E	R	T	N	I	A	C	I	R	F	Á	T	N	I
H	J	K	U	D	Ú	P	I	F	I	T	V	S	L	N
R	E	D	E	S	S	G	U	E	P	A	R	D	O	F
E	M	B	U	S	C	A	D	O	R	E	J	E	L	O
T	P	E	R	F	O	C	A	C	A	F	A	R	I	J
R	F	T	I	A	S	E	S	A	D	R	O	N	H	M
B	S	N	A	L	T	G	C	I	T	A	K	N	H	A
A	P	A	C	H	A	C	A	L	D	E	W	A	Q	N
R	L	F	C	E	O	O	R	E	C	W	N	U	O	I
C	E	E	T	L	W	B	G	R	W	U	T	F	O	E
O	Y	L	V	X	E	A	A	E	D	L	A	R	E	B
V	Y	E	N	N	B	Ó	H	C	E	B	R	A	S	L
L	T	M	E	G	M	A	N	N	R	L	R	G	A	A
H	I	O	N	C	E	M	E	N	T	E	R	I	O	S
C	R	C	T	T	S	E	I	B	C	R	A	O	E	E

Página 157: No te detengas y ríe

Él volverá a llenar tu boca de **risas** y tus labios con gritos de **alegría**. Job 8:21

El corazón **alegre** es una buena **medicina**. Proverbios 17:22

Nos llenamos de **risa** y cantamos de **alegría**. Y las otras naciones dijeron: «Cuántas **maravillas** ha hecho el Señor por ellos». Salmos 126:2

Un tiempo para llorar y un tiempo para **reír**. Eclesiastés 3:4

Les he dicho estas cosas para que se llenen de mi **gozo**; así es, **desbordarán** de **gozo**. Juan 15:11

Ustedes vivirán con gozo y paz. Los **montes** y las colinas se pondrán a cantar y los **árboles** de los campos aplaudirán. Isaías 55:12

Hoja 158: ¡Sigan esa nariz!

Hoja 159: La nariz sabe

Horizontal:
3. piel
5. personas
6. fotografía

Vertical:
1. kilómetros
2. olfato
4. legal

Página 162: Creaciones de coral

Página 165: ¡Alrededor, una y otra vez!

¡CONOCE AL EQUIPO!

LOUIE GIGLIO es el pastor de *Passion City Church* y es el visionario original del movimiento Passion, el cual se formó para llamar a esta generación a aprovechar sus vidas para aclamar a Jesús. Desde 1997, Passion ha reunido a jóvenes universitarios en eventos en todos los Estados Unidos y el mundo. Actualmente sigue llenando localidades con jóvenes entre 18 y 25 años en todo el país. Entre sus últimas actividades, Passion recibió a más de 700.000 personas de 150 países en su evento remoto Passion 2021. Además de las conferencias de Passion, Louie y su esposa, Shelley, dirigen los equipos en la iglesia *Passion City, Sixteprecords,* Editorial Passion y el Instituto Global Passion. Louie escribe libros de alta demanda en ventas a nivel nacional, entre los cuales se encuentran *Indescriptible: 100 devocionales sobre Dios y la ciencia*. Louie y Shelley viven en Atlanta, Georgia, con su perro, London.

TAMA FORTNER es una escritora de libros de alta demanda, ganadora del precio ECPA con más de 40 títulos en su haber. Ha colaborado con algunos de los nombres más renombrados en las editoriales cristianas para crear libros inspiradores, tanto para niños como para adolescentes y adultos, en donde se incluye la exitosa serie de niños *Indescriptible* y la serie infantil de *Jesús te llama*. Sin embargo, sus grandes logros se dan en un pueblito feliz en las afueras de Nashville, Tennessee, en donde vive con su familia y un perro increíblemente perezoso, que se dobla como si fuera un calentador de pies.

¡ DESCUBRE LAS MARAVILLAS DEL UNIVERSO CON EL CREADOR !

INDESCRIPTIBLE

100 DEVOCIONALES SOBRE DIOS Y LA CIENCIA

Estos 100 devocionales estimulan nuestro asombro ante la creatividad de Dios, examinando:

- ✓ El espacio, las galaxias, los planetas y las estrellas
- ✓ La Tierra, la geología, los océanos y el clima
- ✓ Los animales: desde palomas hasta dinosaurios
- ✓ Nuestras mentes, el cuerpo y la imaginación

NICOLA ANDERSON ha sido una ilustradora y diseñadora gráfica desde que tomó por primera vez un crayón en sus manos. No obstante, se ha desempeñado profesionalmente desde 2001. Después de trabajar muchos años en la industria del diseño, ahora crea mundos imaginarios desde el estudio que tiene en casa, AndoTwin Studio, en Manchester, Reino Unido. Durante este tiempo ha trabajado con una gran variedad de clientes diferentes en esta profesión que iama en cada instante!

LYNSEY WILSON es una ilustradora que trabaja principalmente en los medios digitales. Usa una variedad de estilos contrastantes, lo que la distingue como una artista de gran versatilidad. Es una creativa apasionada que puede ir desde la tinta y el papel hasta las telas y los pasteles. Lynsey vive con su esposo y sus dos pequeños. Generalmente la encontramos caminando con su querido perro, Rufus, en los bosques nubosos, los campos y los canales en el noroeste de Inglaterra.

ISBN: 978-1-58802-962-1

Indescriptible - Libro de actividades para niños

Escrito por Louie Giglio y Tama Fortner
Ilustrado por Nicola Anderson y Lynsey Wilson

Publicado por Editorial Patmos, Miramar, FL 33027

Publicado originalmente en inglés por Tommy Nelson con el título *Indescribable Activity Book for Kids*. Tommy Nelson® es la división infantil de Thomas Nelson, PO Box 141000, Nashville, TN 37214. Thomas Nelson es una marca registrada de HarperCollins Christian Publishing, Inc.

Nota: a medida que se verifica una nueva investigación científica, es posible que algunos datos de este libro no reflejen los últimos hallazgos. Conforme nos enteremos, haremos las actualizaciones correspondientes al libro.

Traducido por Yvette Cortez
Revisado por Regina Romano
Diseño por Adrián Romano

ISBN: 978-1-64691-317-6
eISBN: 978-1-64691-318-3

Impreso en Brasil | *Printed in Brazil*